中国能源转型背景下
煤电能源供应链协调发展研究

王强　著

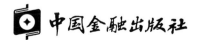

中国金融出版社

责任编辑：亓　霞
责任校对：潘　洁
责任印制：程　颖

图书在版编目（CIP）数据

中国能源转型背景下煤电能源供应链协调发展研究/王强著 . —北京：中国金融出版社，2022. 9
ISBN 978 - 7 - 5220 - 1741 - 9

Ⅰ.①中…　Ⅱ.①王…　Ⅲ.①火力发电—能源供应—协调发展—研究—中国　Ⅳ.①F426.2

中国版本图书馆 CIP 数据核字（2022）第 165247 号

中国能源转型背景下煤电能源供应链协调发展研究
ZHONGGUO NENGYUAN ZHUANXING BEIJING XIA MEIDIAN NENGYUAN
GONGYINGLIAN XIETIAO FAZHAN YANJIU

出版
发行　**中国金融出版社**

社址　北京市丰台区益泽路 2 号
市场开发部　（010）66024766，63805472，63439533（传真）
网 上 书 店　www. cfph. cn
　　　　　　（010）66024766，63372837（传真）
读者服务部　（010）66070833，62568380
邮编　100071
经销　新华书店
印刷　保利达印务有限公司
尺寸　169 毫米 ×239 毫米
印张　12.5
字数　190 千
版次　2022 年 9 月第 1 版
印次　2022 年 9 月第 1 次印刷
定价　50.00 元
ISBN 978 - 7 - 5220 - 1741 - 9
如出现印装错误本社负责调换　联系电话　（010）63263947

致　谢

本书得到以下项目资助：

内蒙古自治区自然科学基金面上项目（编号：2019MS07005，2019MS07006）；

中央级公益性科研院所基本科研业务费专项（编号：1610332022009）；

2021年度内蒙古自治区本级引进人才科研支持项目；

内蒙古电力公司2022年科技计划；

鄂尔多斯市产业创新人才团队项目。

本书是上述项目的阶段性成果，在此表示衷心感谢！

谨以此书献给能源转型背景下的煤电行业，并以此铭记我的学习岁月！

前　言

  煤炭和电力是国民经济发展中重要的基础能源产业，二者的协调运行对国民经济与社会生活正常运转意义重大。我国矿产资源的禀赋特征造就了以煤炭为主体、电力为中心的能源发展格局。新中国成立 70 多年来，我国煤炭和电力行业发展迅猛，但环境污染、产能过剩、纵向协调性差、中长期合同违约率高等问题导致煤炭与电力之间的矛盾十分突出，如何促进煤电能源供应链协调运行成为社会关注的新焦点。

  2020 年，我国实施碳排放权交易机制和可再生能源电力消纳保障机制，煤电能源供应链相关企业面临被替代和成本增加的风险。同时，在过去一段时间里，在供给侧结构性改革方面，我国陆续出台了去产能政策、煤电联营政策和中长期合同政策等相关制度。相比于过去，新的政策环境带来新的机遇和风险，我们需要考虑这些政策对煤电能源供应链协调运行产生的影响，这对于提升煤电能源供应链协调运行有着重要的理论价值和实际意义。

  本书以煤电能源供应链协调运行为研究对象，按照"发现问题—构建模型—算例分析"的逻辑链条，分别对低碳政策、去产能政策和煤电联营政策下煤电能源供应链协调运行问题，基于金融衍生工具的煤电能源供应链中长期合同履约问题进行研究，深入分析煤炭与电力周期性冲突的原因，并讨论煤电能源供应链协调运行机制及优化模型。本书中图表数据非特别说明，来源于作者调研案例及模型数据；图非特别说明，为作者绘制。

本书研究内容主要包括四大部分，共 8 章；

第一部分为理论政策分析，包括第 1~3 章，梳理了煤电能源供应链协调运行机制及优化的研究成果与理论，论证了本书研究的可行性和必要性。第 1 章介绍了煤电能源供应链协调运行的重要性、存在问题和研究意义，阐述了本书的研究创新点。第 2 章从煤炭和电力发展现状、煤炭进出口、燃煤发电污染、煤电周期性冲突和新能源替代等出发，分析了煤电能源供应链协调运行现状。第 3 章对国内煤炭与电力协调运行政策进行了分析，介绍了南非、美国、英国、日本、澳大利亚和德国等国家煤炭与电力协调运行政策，针对中国煤电能源供应链协调运行现状，给出了相应的经验启示。

第二部分为低碳政策下协调运行分析，为本书第 4 章，构建了低碳政策下煤电能源供应链协调运行机制模型。首先，受碳排放权配额和可再生能源电力消纳量的限制，分析了碳排放权和可再生能源相关参数对煤电能源供应链相关企业在非合作和合作两种情形下对收益的影响。其次，研究了在可再生能源电力消纳保障机制下的绿色电力证书交易模型，并设计了一套"一对多"市场交易机制，为电力用户完成可再生能源电力消纳量提出了具有操作性的决策建议。

第三部分为供给侧结构性改革下协调运行分析，包括第 5~7 章，分别研究了去产能、煤电联营和煤电中长期合同。第 5 章构建了去产能政策下煤电能源供应链协调运行机制模型，考虑了去产能指标和产能补贴对市场价格的影响；构建了煤电能源供应链协调去产能模型，并进行了算例仿真分析。第 6 章构建了煤电联营政策下煤电能源供应链协调运行机制模型，以一条复杂煤电能源供应链为例，得出企业进行煤电联营的市场条件，并进行算例仿真分析；构建煤电能源供应链纵向一体化效应模型，运用纵向一体化决策模型和纵向独立决策模型计算新增收益，运用鲁宾斯坦讨价还价模型对总收益进行分配；构建煤电能源供应链纵向一体化推进机制模型，分析地方政府和能源企业在实施纵向一体化项目时策略选择。第7章构建了基于金融衍生工具的煤电能源供应链中长期合同优化模型，分析了煤炭和电力中长期合同价格合理区间，利用期权理论，分别设置了看涨期权、看跌期权和双向期权三种期权模型对煤炭中长期合同进行优化；分析了电力中长期合同稳定性及履约区间，以及不同参数对电力中长期合同稳定性的影响，在煤电浮动机制下，提出利用政府授权差价合约对电力中长期合同进行优化。

　　第四部分为政策建议与展望，为本书第8章。该部分对本书进行总结，提出相应的政策建议，并对进一步研究进行展望。

　　本书在撰写过程中参考和引用了国内外有关书籍和文献，特此感谢。此外，特别感谢内蒙古电力集团等单位在调研中给予的大力支持和编辑人员为此付出的辛勤劳动。由于作者学术水平有限，书中若有不足之处，恳请读者不吝赐教。

王强

2022 年 4 月

目　录

第1章 绪 论

1.1 煤电能源供应链协调发展重要性

煤炭和电力是国民经济发展中重要的基础能源产业，国民经济与社会生活的正常运转离不开二者的协调运行。在世界能源结构中，煤炭处于非常重要的地位，尤其在中国，资源禀赋决定了以煤为主的能源结构，短期内不会发生改变。2015 年，中央第一季度经济工作会议上，习近平总书记强调指出，"我们正在压缩煤炭比例，但国情还是以煤为主，在相当长一段时间内，甚至从长远来讲，还是以煤为主的格局，只不过比例会下降，我们对煤的注意力不要分散"。煤炭是我国主体能源，2019 年全国原煤产量 38.5 亿吨，同比增长 4.2%，但是原煤占一次能源生产和消费的比重有所下降，2020 年整体占比分别为 69.3% 和 57.3%，下降趋势明显，但下降速度在减缓。火电是电力工业的主要发电来源，2019 年，火电占总发电量的 68.9%，发电量为 50450 亿千瓦时，同比增长 2.4%。在火电机组中绝大多数为燃煤发电机组，发电用煤是煤炭的最主要消费领域。在中国经济发展中，煤炭企业投资建设煤矿，电力企业投资建设燃煤电站，都是建设周期长、投资额巨大且具有资产专有性的基础产业，因此，煤电能源供应链中煤炭与电力的协同运行非常重要。

改革开放以来，由于煤炭和电力两个行业的市场化改革不同步，我国从 2002 年开始爆发了严重的煤电冲突。煤电冲突的根源在于市场煤和计划电导致的价格调整机制缺失。煤炭生产企业所生产的电煤是下游燃煤发电企业发电的燃料，煤炭价格是燃煤发电企业生产成本的主要构成要素，约占 70%。2010 年煤炭生产企业的利润率为 14.6%，到 2015 年下降为 1.7%，5 年间下降了 12.9%。在 2015 年，除了经营业务在煤电路港布局均衡的煤炭上市公司中国神华能源股份有限公司保持盈利外，其余 38 家煤炭上市企业亏损额高达 212 亿元；同一年，电力行业利润率上升了 4%，五大发电集团旗下五家上市公司实现净利润 301 亿元，创近 13 年来的新高。2015 年 11 月，习近平总书记在中央财经领导小组第 11 次会议上首次提出供给侧结构性改革。此后，随着供给侧结构性改革的稳步推进，尤其是煤炭去产能政策的强力实施，煤炭生产企业的经营业绩有所改善，但是燃煤发电企业却开始面临严重的经营困难。因此，不同的政策环境会对煤电能源供应链相关企业之间的协调运行产生直接或间接影响，供应链相关企业需要从整个供应链视角规避风险和发现机遇。

煤电能源供应链协调运行关系到整个国民经济的健康发展，是一个长期的过程。在当前政策环境下，煤电能源供应链受碳排放权交易、可再生能源电力消纳量、去产能、煤电联营和中长期合同等影响，其协调运行面临新的机遇和挑战。如何在新的政策环境下进行科学合理决策，化解市场风险，提高企业经营收益，维持煤电能源市场的价格稳定，是煤电能源供应链相关企业需要考虑的重要问题。

2020 年《全国碳排放权交易市场建设方案（发电行业）》《关于建立健全可再生能源电力消纳保障机制的通知》两项低碳政策全面实施，煤电能源供应链相关企业面临着机遇和挑战。以碳排放权交易为例，一方面，碳排放权交易会使火电行业的发电成本增加，带来市场风险；另一方面，可以从风险中发现机遇，如在碳排放权交易机制下，超低排放机组由于排放较少会获得多余的碳排放权配额，可以在碳排放权交易市场中出售获得收益，同时也可以提高竞争优势，高排放机组在竞争中逐步退出市场。同样，在可再生能源电力消纳保障机制下也面临机遇和挑战。因此，在低碳政策下，煤电能源供应链相关企业需要分析政策带来的风险和机遇，进而作出最优决策。

去产能是供给侧结构性改革的重要手段之一，从供给侧入手实现供需均衡。随着我国能源结构调整中火电所占比例下降，煤炭需求增长放缓，在不久的未来，煤炭消费会达到峰值，煤炭需求将面临负增长，尤其是可再生能源电力消纳保障机制实施后，煤炭需求将进一步受到限制。从用电需求来看，增长也在放缓，2019 年，全社会的用电量均为 7.22 万亿千瓦时左右，与 2018 年相比增长了 4.5%，低于 GDP 增速（6.1%），说明在结构调整中高能耗产业占比在降低。从利用率来看，2019 年，火电设备平均利用时间为 4293 小时，同比减少 85 小时。可以看出，煤炭和煤电行业经历近几年的去产能，整体上已由供给严重过剩转向供给基本均衡，但从长期来看，依然存在产能过剩现象。目前，现有的煤炭产能可以满足煤炭需求，现有的电源结构可以满足全社会每年的用电量。因此，在去产能过程中，主要集中在逐步退出落后产能，释放先进产能，提高先进产能利用率。因此，去产能政策仍需要继续推进。

煤电联营是化解煤电双方市场价格风险的重要手段之一。煤炭和煤电行业的经营业绩存在较强的负相关性，煤炭行业亏损越多，煤电行业盈利越多，反之亦然。以 2015 年为例，煤炭价格持续低迷，煤炭行业亏损达 80%，而火电行业盈利则达到历史高峰。从实践来看，煤电联营在改善煤炭生产企业经营业绩方面可以发挥重要作用。以煤炭企业在电力领域控股和参股较多的同煤集团和徐州矿业集团为例，在煤炭行业经营困难的 2014 年，同煤集团所投资的电力板块盈利 9 亿元，徐矿集团投资的电力板块盈利 6 亿元，上述盈利极大地改善了整个集团的经营业绩。因此，煤电联营可以提高能源企业的整体抗风险能力，利用不同板块实现风险对冲。

中长期合同对于抑制价格异常波动、促进煤电能源供应链稳定发展具有十分重要的意义。对于煤电能源供应链上下游企业，通过签订较长期限的中长期合同，可以合理组织生产计划，优化运输，降低企业和社会成本，提高整体经济效益。随着中长期合同价格形成机制和履约保障机制的逐步完善，2017 年、2018 年、2019 年这三年政府每年出台一项专门文件推进下一年度煤炭中长期合同的签订与履行。从实践来看，煤炭中长期合同对稳定煤炭市场价格维持在合理的价格区间发挥了重要作用。基于煤炭中长期合同经验和效果，从 2020 年开始，电力行业也开始推进电力中长期合同。

中国煤电价格机制目标是政府指导下的市场化机制，在党和政府的大力推动下，一直在改革中前行。2020 年，中国标杆上网电价机制修改为"基准价 + 上下浮动"的市场化机制，通过完善燃煤发电上网电价形成机制，促进电力市场化交易，降低企业用电成本。基于上述现实，分析已有政策下煤电能源供应链协调运行中企业面临的问题，对促进煤电能源供应链协同运行有着重要的推动作用，也能为煤电能源供应链发展提供关键的决策依据。因此，如何建立适用于低碳政策下的煤电能源供应链协调运行机制模型，如何建立适用于去产能政策下的煤电能源供应链协调运行机制模型，如何建立煤电联营政策下的煤电能源供应链协调运行机制模型，如何建立基于金融衍生工具的煤电能源供应链中长期合同优化模型，成为当前和今后一段时间，煤炭和电力行业需要着力解决的几个关键问题。同时，结合现行政策设置参数，进行参数仿真分析，研究不同参数变化对煤电能源供应链协调运行的影响，为政府和煤电能源供应链相关企业提出决策建议，也是当前煤电能源供应链发展需要深入探索的几个关键问题，更是建立煤电能源供应链协同运行机制的依据，对未来煤电能源供应链市场化运行有着重要的推动作用。

1.2　煤电能源供应链协调运行需解决的问题

1.2.1　低碳政策下煤电能源供应链协调运行问题

低碳政策主要分为技术升级政策和市场交易政策。技术升级政策主要是通过提高技术标准和要求，减少碳排放。以燃煤机组为例，国家通过提高污染物排放标准和降低供电标准耗煤量，改造和新建超低排放和节能机组，淘汰达不到环保、能效和安全的落后机组。市场交易政策主要是通过建立市场交易机制，减少碳排放。一方面，采用清洁能源代替化石能源，主要为绿色电力证书交易机制，具体来看，分为两种交易，一是自愿交易机制，个人和企业自愿购买；二是强制交易机制，2020 年开始施行的可再生能源电力消纳量交易机制。另一方面，进行碳排放总量控制，2020 年开始实施的碳排放权交易。由于技术升级政策未来潜力有限，本书重点分析市场交易政策，在市场化交易机制下，煤电能源供应链相关企业遇到的问题如下：

（1）在碳排放权配额和可再生能源电力消纳量限制下，煤电能源供应链相关企业如何进行协调运行，增加收益。

（2）在绿色电力证书交易机制下，绿色电力证书如何完成可再生能源消纳量，同时降低企业的采购成本。

1.2.2　去产能政策下煤电能源供应链协调运行问题

去产能政策是中国为解决市场失灵的一项制度创新。在美国，随着清洁能源替代规模的扩大和社会用电需求的放缓，煤炭需求量降低，煤炭价格低迷，自 2007 年以来，美国煤炭发电量已经减少了 40%，据预测，未来煤炭将占美国发电量的 25%。严重的煤炭产能过剩，导致美国前四大煤炭生产企业博地能源、阿奇煤炭、云峰能源、阿尔法自然资源公司均以破产收场。可见，市场"看不见的手"一方面可以解决资源优化配置，另一方面也会出现市场失灵现象。去产能分为政策去产能和市场去产能，政策去产能是通过行政手段进行直接管控，市场去产能是通过市场手段间接管理。在去产能政策下，煤电能源供应链相关企业遇到的问题如下：

（1）在政策去产能环境下，去产能政策对市场的影响如何，去产能政策下去产能指标和产能补贴对市场价格的影响如何，需要进一步通过模型和算例进行研究。

（2）在市场去产能环境下，企业以获得最大收益为目标，不同参数条件对煤炭去产能率和煤电去产能率的影响，需要进一步通过模型和算例进行研究。

1.2.3　煤电联营政策下煤电能源供应链协调运行问题

煤电联营是有效避免煤电冲突的重要手段，通过煤炭与电力形成利益共同体，不仅可以抵御市场风险，还可以发展循环经济。在中国，由于长期分业管理导致煤炭和电力两个行业融合度不高，但是也有很多企业在进行尝试，取得了一定的经验。随着煤电联营相关政策的颁布实施，煤电联营发展取得一定进展。当前煤电联营政策下，煤电能源供应链相关企业遇到的问题如下：

（1）煤电联营政策下，煤炭和电力企业进行煤电联营的市场条件是什么，需要进一步通过模型和算例进行研究。

（2）煤电联营政策下，煤炭和电力企业进行纵向一体化的合作效应如何，新增收益是多少，如何进行分配，需要进一步通过模型和算例进行研究。

（3）煤电联营政策如何进一步推进，地方政府和能源企业在实施纵向一体化项目时策略选择如何，不同参数条件变化对地方政府和能源企业决策的影响如何，需要进一步通过模型和算例进行研究。

1.2.4　基于金融衍生工具的煤电能源供应链中长期合同履约问题

中长期合同是解决煤电冲突的有效手段，可以稳定市场供应，抑制价格异常波动。现行的"基础价＋浮动价"的定价机制，合理考虑了市场波动受交易双方的影响，从实践来看，新型定价机制的中长期价格较现货价格稳定。市场化交易机制是引入竞争机制，实现资源优化配置的有效手段。基于我国国情，在煤炭和电力市场化改革方面在不断摸索前进。现在煤炭和电力市场都在推行中长期合同。在期货市场，有三个关于煤炭的期货品种，其中与煤电能源供应链相关为动力煤。基于金融衍生工具，为进一步推进中长期合同，煤电能源供应链相关企业遇到的问题如下：

（1）煤炭中长期合同政策下，煤电能源供应链中煤炭价格和电力价格的基准和区间是多少，如何确定。

（2）对于煤炭中长期合同，其稳定性如何，如何设计期权，实现煤炭中长期合同稳定，合同双方规避价格风险。

（3）对于电力中长期合同，其稳定性如何，如何设计政府授权差价合约，实现电力中长期合同稳定，合同双方规避价格风险。

1.3　煤电能源供应链协调发展的研究意义

自 2012 年以来，国内煤炭价格持续走低。2015 年，习近平总书记提出供给侧结构性改革，2016 年以来，陆续推进煤炭、煤电市场供给侧结构性改革。去产能、煤电联营和中长期合同都是供给侧结构性改革的重要手段，国家出台大量相关政策持续推进。2020 年，碳排放权交易机制和可再生能源电力消纳保障机制的实施也将影响煤电能源供应链。因此，这为建立煤电能源供应链协调运行机制及优化研究提供了新的政策环境和研究问题。

燃煤发电行业曾是我国主要污染物排放的主要贡献者，2006年约占全国排放总量的50%，经过多年努力，取得良好成效，为改善空气质量作出了重大贡献。目前，我国已建成世界上规模最大的清洁高效煤电系统。当前，煤电能源供应链在碳排放权交易机制和可再生能源电力消纳保障机制下如何进行供应链协调运行是非常重要的话题。同理，在去产能、煤电联营、中长期合同等政策下，煤电能源供应链企业如何进行决策也是非常重要的话题。

2020年，新实施的煤电浮动机制目的在于缓解煤电价格矛盾，实现煤炭价格和电力价格同升同降。与传统机制相比较而言，新机制的作用效果主要体现在：首先，煤炭价格和电力价格的波动与物价总水平的波动高度相关，政府为控制物价总水平会设置一定的浮动区间，避免大起大落，异常波动；其次，将采用市场化交易机制，煤炭和电力交易过程通过市场形成价格，有利于先进矿区和机组获得竞争优势，落后产能退出；最后，中国的电力价格体现着公共政策目标，从政策设计和市场交易数据来看，未来电力价格下降趋势明显。

基于上述分析，本书紧抓"能源革命"确立的能源结构调整和煤电能源转型升级功能内涵，以煤电能源供应链为对象，以实现煤电能源供应链协调运行为目标，开展煤电能源供应链协调运行机制及优化研究，主要内容拟分为三个层面：第一，分析国内外煤炭与电力协调运行政策分析，探析煤电能源供应链协调运行发展现状及存在问题，为开展研究提供理论依据；第二，构建供给侧结构性改革政策环境下协调运行机制模型，包括当前低碳政策、去产能政策、煤电联营政策下煤电能源供应链协调运行机制模型；第三，构建煤电能源供应链中长期合同优化模型，以及基于金融衍生工具的煤电能源供应链中长期合同优化模型。上述内容的研究能源为煤电能源供应链相关的企业和政府部门制定其策略和政策时提供决策机制和政策建议。

本书主要研究意义包括以下五个方面：

（1）分析国内外煤炭与电力协调运行政策分析，尤其是以前积累的经验和教训，为我国开展煤炭与电力协调运行提供经验借鉴，同时，探析煤电能源供应链协调运行发展现状及存在问题，为开展不同政策情形下煤电能源供应链协调运行机制及优化模型的构建提供理论依据。

（2）探讨低碳政策下煤电能源供应链的协调运行策略，考虑了即将实施的碳排放权配额和可再生能源电力消纳量，并测算不同情形下煤电能源供应链的收益情况，为煤电能源供应链相关企业制定策略提供重要的决策支撑。

（3）探讨去产能政策下煤电能源供应链的协调运行策略，考虑了去产能指标和产能补贴对煤炭市场价格的影响；构建了煤电能源供应链协调去产能模型，仿真分析了煤电能源供应链中市场结构、煤炭市场和煤电市场等相关参数对煤炭去产能率和煤电去产能率的影响，为实施市场环境下企业自主最优产量生产实现自动去产能提供重要的决策支撑。

（4）探讨煤电联营政策下煤电能源供应链协调运行策略，构建煤电能源供应链纵向决策模型，为企业进行煤电联营决策提出需要满足的市场条件；构建煤电能源供应链纵向一体化模型，比较纵向一体化决策和纵向独立决策的收益，从而为推动纵向一体化提供理论支持；构建煤电能源供应链纵向一体化推进机制模型，为政府制定煤电联营激励政策和企业进行煤电联营决策提供重要的模型参考。

（5）设计煤电能源供应链中长期合同优化模型，充分发挥不同金融衍生工具的风险规避功能，利用期权和煤炭中长期合同，政府授权差价合约和电力中长期合同的组合优势，协调中长期合同利益相关方履行合同，从而提高中长期合同履约率。

综上所述，本书以煤电能源供应链协调运行机制及优化模型为研究对象，首先梳理了国内外煤炭与电力协调运行政策分析，分析了煤电能源供应链协调运行现状及存在问题，为下一步研究提出理论依据；其次讨论了低碳政策下煤电能源供应链协调运行机制；再次讨论了去产能政策煤电能源供应链协调运行机制；然后讨论了煤电联营政策下煤电能源供应链协调运行机制；最后基于金融衍生工具，建立煤电能源供应链中长期合同优化模型。

1.4 研究创新点

（1）本书从我国煤炭与电力市场的运行历史与现状，以及国外典型市场的政策分析中，归纳出 9 条重要的启示，分析指出了我国煤电能源供应链存在的主要问题和挑战，为进一步优化运行和政策改进提供了必要的基础和有益的参考。

（2）本书构建了不同政策导向的煤电能源供应链优化模型：通过讨论以碳排放权交易和可再生能源消纳保障机制为代表的低碳政策对煤炭生产企业、燃煤发电企业和电力用户的影响，分析了非合作和合作两种博弈情形下企业利润、价格的变化，得到了绿色电力证书的合理价格区间；针对去产能政策，建立了煤炭市场竞争力模型，讨论了煤炭市场均衡价格与去产能政策的互动关系，通过算例验证了通过多种间接调控手段促进煤电能源相关企业自主去产能；针对煤电联营政策，建立了纵向决策模型，分析了各自联营情景对相关企业的影响和市场稳定性，通过算例分析，得到了煤电纵向一体化项目设计的重要参数。

（3）本书针对煤电能源供应链中长期合同的重要性和复杂性，在分析国内外经验的基础上，讨论了中长期合同的影响因素和对合同各方的影响与互动关系，提出基于期权理论的煤炭中长期合同优化模型，提出一种政府授权差价合约的电力中长期合同优化模型等，并提出了政策建议。

第2章 煤电能源供应链协调运行现状分析

2.1 引言

能源消费被称为经济发展的"晴雨表",2019年,中国能源消费总量为48.6亿吨标准煤,同比增长3.3%,全社会用电量为72.2万亿千瓦时,同比增长4.5%。煤电能源供应链协调运行可以有效保障能源供应稳定,煤电保障工作长期作为各级政府的一项重点工作。为保障煤电能源供应链协调运行,政府需要提前为煤炭、电力行业发展做好发展规划和政策设计,如能源规划、煤电联营、中长期合同等,同时受到环境减排压力、新能源替代等的影响,煤电能源供应链协调运行面临新的机遇和挑战。因此,一方面需要研究中国煤电能源供应链的发展现状,另一方面需要研究在各类政策影响下煤电能源供应链相关企业面临的问题。

新中国成立70多年来,中国煤炭和电力工业由短缺到相对供给过剩,我国能源工业取得举世瞩目的成就。煤炭的生产和消费总量在增加,但煤炭所占的一次能源生产和消费的比重在不断降低,目前,趋势开始放缓。燃煤发电是空气污染物的主要来源之一,为控制碳排放总量,2020年开始在发电领域施行碳排放权交易机制。同时,通过对能源结构变化数据研究发现,新能源对燃煤火电具有一定的替代作用,受风电、太阳能发电输出不稳定的影响,存在一定弃风弃光现象,发电量增加比重小于装机容量增加比重。为解决新能源消纳问题,2020年开始施行可再生能源电力消纳保障机制。由此可见,燃煤火电面临着受新能源电力替代的风险,但趋势已经变缓,在未来一段时间内,燃煤火电的比重会下降,但仍然是我国的主体能源。

我国是富煤少油的国家，煤炭在一次能源生产和消费的比重较高，电力是重要的二次能源，是现代工业的通用能源。我国煤炭和电力的发展保障了GDP 的快速增长，本章将从煤炭和电力发展现状、煤电能源供应链协调运行、新能源发电对煤电能源供应链的影响三个方面加以分析。

2.2　煤炭和电力发展现状分析

中国的煤炭工业开始于 1876 年筹建的开滦煤矿，电力工业开始于 1882年成立的上海电气公司。1949 年新中国成立之初，煤炭工业和电力工业基础极其薄弱。经过 70 多年的发展，煤炭和电力供给由严重短缺转变为产能总体富余、供需基本平衡。

2.2.1　煤炭在一次能源生产和消费的比重在不断降低

1949—2019 年，我国累计生产煤炭 851 亿吨，其中改革开放以来累计生产煤炭 777 亿吨，占总产量的 91%。我国煤炭年产量，从 1949 年的 3243 万吨，增加到 1978 年的 61786 万吨，再增加到 2019 年的 374552 万吨。1949—2019 年，全国煤炭产量增长了 114 倍，年均增速 8%；1978—2019 年，全国煤炭产量增长了 5 倍，年均增速 5%，占全国一次能源生产总量的 73% 左右。

在能源生产结构中，煤炭占比由 1949 的 96.3% 下降到 1978 年的70.3%，再波动下降到 2019 年的 69.3%。在能源消费结构中，从 1953 年的94.4% 下降到 1978 年的 70.7%，再波动下降到 2019 年的 57.3%。煤炭在能源生产和消费结构中的变化说明我国能源结构在发展过程中不断优化调整，也符合生态文明下美丽中国的建设发展理念。

2.2.2　火电装机容量和发电量的比重在下降

新中国成立以来，我国投入了巨大人力、物力建设发电设施。电力装机容量规模 1949 年为 185 万千瓦，1978 年增加到 5712 万千瓦，2019 年增加到201066 万千瓦。1949—2019 年，电力装机容量增长了 1086 倍，1978—2019年，中国电力装机容量增长了 34 倍。从电力装机结构看，火电装机一直是中国发电装机的主力，1949—2019 年，中国火电装机容量增长了 703 倍，火电装机容量占总发电装机容量的比重降低了 32.2%；1978—2019 年，火电装机容量增长 29 倍，火电装机容量占总电力装机容量的比重降低了 10.5%。

发电量是衡量电力工业产量规模的重要指标。中国发电量 1949 年为 43 亿千瓦时，1978 年增加到 2566 亿千瓦时；2019 年增加到 73253 亿千瓦时。1949—2019 年，中国发电量增长了 1705 倍；1978—2019 年，中国发电量增长了 28 倍。从发电量结构看，1949 年火电发电仅为 36 亿千瓦时，占总发电量的 83.7%；1978 年增加到 2119 亿千瓦时，占总发电量的 82.6%；2019 年增加到 49249 亿千瓦时，占总发电量 67.2%。

1949 年—2019 年，中国火电发电量增长了 1400 倍，火电占总发电量的比重降低了 16.5 个百分点；1978—2019 年，中国火电发电量增长了 23 倍，火电占总发电量的比重却降低了 15.4 个百分点。火电装机和发电量中包括燃煤、燃气和燃油三种，其中燃煤占绝大多数。因此，燃煤发电在我国能源结构中的比重在下降，但仍然处于主体地位，在较长时间内不会改变。

综述分析可以看出，煤炭和煤电发展具有如下特点：一是新中国成立以来，煤炭生产量、电力装机容量和发电量增长非常快，彻底改变了旧中国煤炭生产能力和电力发电能力不强的局面。二是近年来，煤炭和煤电在发展过程中面临着能源转型的压力，需要积极研究能源发展形势，在未来的竞争中稳固市场地位。表 2－1 为中国煤炭生产量、电力装机容量和发电量变化。

表 2－1　　　　中国煤炭生产量、电力装机容量和发电量变化

年份	煤炭年生产量 /万吨标准煤	电力装机容量 /万千瓦	火电装机容量 /万千瓦	发电量 /亿千瓦时	火电发电量 /亿千瓦时
1949	3243	185	169	43	36
1978	61786	5712	3984	2566	2119
2018	354591	190012	114408	69947	49249
2019	374552	201066	119055	73253	50450
1949	3243	185	169	43	36
1952	6649	196	178	73	60
1957	13073	464	362	193	145
1962	21955	1304	1066	458	368

年份	煤炭年生产量/万吨标准煤	电力装机容量/万千瓦	火电装机容量/万千瓦	发电量/亿千瓦时	火电发电量/亿千瓦时
1965	23180	1508	1206	676	572
1970	35399	2377	1753	1159	954
1975	48224	4341	2998	1958	1482
1978	61786	5712	3984	2566	2119
1979	63554	6302	4391	2820	2318
1980	62013	6587	4555	3006	2424
1981	62163	6913	4720	3093	2437
1982	66632	7236	4940	3277	2533
1983	71453	7644	5228	3514	2651
1984	78923	8012	5452	3770	2902
1985	87228	8705	6064	4107	3183
1986	89404	9382	6628	4496	3551
1987	92809	10290	7271	4973	3971
1988	97987	11550	8280	5451	4359
1989	105415	12664	9206	5847	4662
1990	107930	13789	10184	6213	4950
1991	108428	15147	11359	6775	5527
1992	111455	16653	12585	7542	6227
1993	115138	18291	13802	8364	6857
1994	122953	19990	14874	9279	7470
1995	129218	21722	16294	10069	8074
1996	137409	23654	17886	10794	8781
1997	132525	25424	19241	11342	9252
1998	123251	27729	20988	11577	9388
1999	104364	29877	22343	12331	10047
2000	99917	31932	23754	13685	11079

续表

年份	煤炭年生产量 /万吨标准煤	电力装机容量 /万千瓦	火电装机容量 /万千瓦	发电量 /亿千瓦时	火电发电量 /亿千瓦时
2001	110559	33849	25314	14839	12045
2002	141531	35657	26555	16542	13522
2003	172787	39141	28977	19052	15790
2004	199735	44239	32948	21944	18104
2005	215132	51718	39138	24975	20437
2006	233178	62370	48382	28499	23741
2007	252342	71822	55607	32644	27207
2008	274857	79273	60286	34510	28030
2009	301251	87410	65108	36812	30117
2010	342845	96641	70967	42278	34166
2011	351600	106253	76834	47306	39003
2012	364500	114676	81968	49865	39255
2013	397432	125768	87009	53721	42216
2014	387392	137887	93232	56801	43030
2015	374654	152527	100554	57400	42307
2016	341060	165051	106094	60228	43273
2017	352356	177708	110495	64171	45558
2018	354591	190012	114408	69947	49249
2019	374552	201066	119055	73253	50450

资料来源：1. 中国煤炭工业协会. 中国煤炭工业统计资料汇编 1949—2009 ［M］. 北京：煤炭工业出版社，2011.

2. 国家统计局编. 中国统计年鉴 ［M］. 北京：中国统计出版社，2011—2020 年.

2.2.3 我国煤炭资源丰富，大型煤炭基地与煤电基地高度重合

我国资源丰富，对矿产资源勘探开始于 1907 年。1949 年我国探明储量的矿产只有 2 种，2018 年增加到 162 种，在已探明的化石能源中，煤炭占比

高达 98.96％，石油和天然气占比较小（见图 2 - 1）。

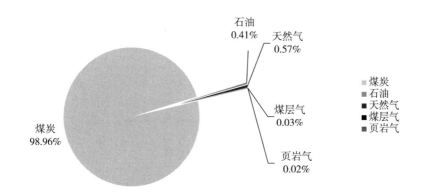

图 2 - 1　我国化石能源探明储量

全国煤炭保有查明资源储量，从 1978 年的 5959.6 亿吨，增加到 2018 年的 17085.7 亿吨，增长了近 3 倍，若按照每年 40 亿吨的使用量计算，煤炭探明储量足够我国使用 427 年。全国煤炭潜在资源储量为 38800 亿吨，资源查明率为 30.0％。自 2006 年以来，我国煤炭查明资源储量一直保持稳定增长态势，年均增长 3.3％。表 2 - 2 为 1978—2018 年中国煤炭查明储量变化情况。

表 2 - 2　　　　　1978—2018 年中国煤炭查明储量变化情况

年份	煤炭查明储量/亿吨标准煤	年增长率/%
1978	5959.6	
2006	11597.8	
2007	11804.5	1.8
2008	12464	5.6
2009	13096.8	5.1
2010	13408.3	2.4
2011	13778.9	2.8
2012	14208	3.1
2013	14842.9	4.5
2014	15317	3.2
2015	15663.1	2.3

续表

年份	煤炭查明储量/亿吨标准煤	年增长率/%
2016	15980.01	2.0
2017	16666.73	4.3
2018	17085.73	2.5

资料来源：1. 国土资源部. 中国矿产资源报告［M］. 北京：地质出版社，2017—2018.

2. 自然资源部. 中国矿产资源报告［M］. 北京：地质出版社，2018—2019.

由于我国煤炭生产与煤炭消费区域分布不同，为优化煤炭开发布局，目前，我国已建成了神东、新疆等 14 个大型煤炭基地，产量占全国的 94.0% 左右，成为保障我国能源安全的基石。目前，在煤电基地发展方面，国家重点规划建设鄂尔多斯、陕北、哈密等 9 大千万千瓦级大型煤电基地，9 大煤电基地均位于国家重点建设的 14 大煤炭生产基地附近。由于我国能源生产和能源消费存在地域不均现象，为了将西部电力输送到东部电力需求大省，国家开始建设西电东送工程。目前来看，西电东送主要包括三个通道，即北通道、中通道和南通道。北通道以燃煤发电基地为主，向华北和山东输送电力；中通道以三峡水电为主，向华东地区输送电力；南通道以西南地区煤电和火电为主，向华南输送电力。其中北通道和南通道与煤炭基地和煤电基地高度相关，为主要的煤电输出通道。煤炭基地与煤电基地的重合情况见表 2-3。

表 2-3　　　　　　　　煤炭基地与煤电基地重合情况

序号	煤炭基地	负担供应煤炭区域	煤电基地	西电东送
1	晋北	华东、华北、东北等地区	晋北	北通道
2	晋中	华东、华北、东北等地区	晋中	北通道
3	晋东	华东、华北、东北等地区	晋东	北通道
4	神东	华东、华北、东北等地区	鄂尔多斯	北通道
5	陕北	华东、华北、东北等地区	陕北	
6	黄陇	西北、华东、中南地区		
7	宁东	西北、华东、中南地区	宁东	
8	鲁西	京津冀、中南、华东地区		
9	两淮	京津冀、中南、华东地区		

续表

序号	煤炭基地	负担供应煤炭区域	煤电基地	西电东送
10	云贵	西南、中南地区		南通道
11	冀中	京津冀、中南、华东地区		
12	河南	京津冀、中南、华东地区		
13	蒙东	东北三省和内蒙古东部地区	锡林郭勒	
14	新疆	能源接替区和战略能源储备区	哈密、准东	

2.2.4　电煤消费比重与发达国家相比仍存在不小差距

在煤炭消费结构中，火电厂燃煤发电用煤是主要的煤炭消费领域，随着电能替代的不断推进，中国电煤消费占比从 2017 年的 49.3% 提升到 2018 年的 53.9%，但是与国外发电国家相比还有一定差距，美国发电用煤占 90%，英国占 80%，德国占 80%，韩国占 60%，日本占 53%。

综上所述，煤炭和电力是中国能源行业的重要组成部分。煤炭在我国一次能源生产和消费中的占比虽然有所下降，但是依旧占绝对主导。燃煤发电装机容量和发电量的占比虽然有所下降，但是仍然是发电的主体。煤炭资源丰富的资源禀赋决定了我国以煤炭为主的一次能源生产和能源消费结构，进一步决定了以火电为主尤其是以燃煤机组为主的电源结构和燃煤发电为主的发电量结构。中国能源结构中煤炭和电力关系分析如图 2 - 2 所示。

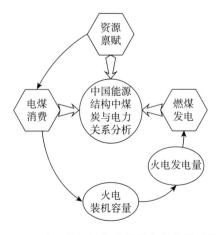

图 2 - 2　中国能源结构中煤炭和电力关系分析

2.3 煤电能源供应链协调运行

2.3.1 煤炭进出口对煤炭市场的影响

中国是煤炭资源的生产和消费大国，也是煤炭进口大国之一。随着 2016 年煤炭去产能政策的有效实施，国内原煤产量大幅度下降，煤炭供应从宽松转向偏紧，煤炭进口量不断增加，2019 延续增长势头，进口总量 3.0 亿吨，同比增加 6.3%（见图 2-3），占国内总供给量的 7.8%（见图 2-4），占比再次有所提高。

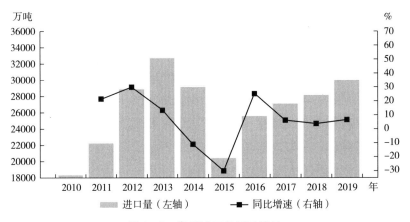

图 2-3 煤炭进口总量及增速

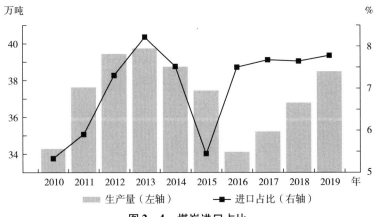

图 2-4 煤炭进口占比

我国煤炭进口主要来源国是澳大利亚、印度尼西亚、俄罗斯和蒙古国，就发电用动力煤来说，进口主要来源国是澳大利亚，占比高达 67.3%，年进口量达到 5100 万吨；其次是俄罗斯，占比为 15.5%，年进口量 1180 万吨；再次是印度尼西亚，占比为 11.4%，年进口量 870 万吨；最后是蒙古国，占比为 4.9%，年进口量 300 万吨。

中国煤炭出口量近年来一直处于低位水平，2019 年累计出口总量仅为 603 万吨，同比增长了 22%，跟年产量 38.5 亿吨、进口 3.0 亿吨相比，占国内的供给总量比例非常小（见图 2-5）。整体上看，煤炭出口数量占煤炭生产量的比重非常低，出口量对煤炭市场供应的影响非常小。通过煤炭进出口数据对比，我国的煤炭进口量远大于煤炭出口量（见图 2-6），我国已从煤炭净出口国变为净进口国。

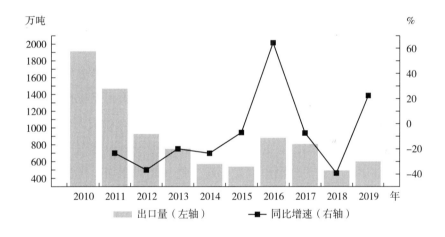

图 2-5　煤炭出口总量及增速

由于煤炭出口量与进口量相比，出口量非常少，因此，主要分析煤炭进口量对煤炭市场的影响。有利影响：当煤炭需求局部紧张时，可以通过煤炭进口保障煤炭市场稳定供应，同时，煤炭和电力企业可以通过国际市场进行套期保值规避煤炭价格风险；不利影响：煤炭进口会冲击中国煤炭市场，抵消煤炭去产能成果，使煤炭行业面临发展困境，因此，需加强对煤炭进口管理，确保煤炭市场稳定。

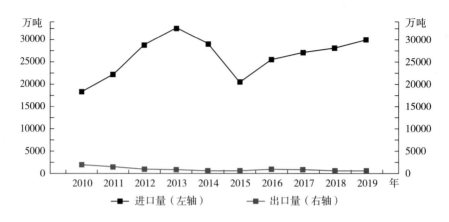

图 2-6　煤炭进出口对比

2.3.2　燃煤发电对空气质量的影响

2.3.2.1　中国火电发电量与空气污染物

燃煤发电是火力发电的主要组成部分，占 90% 以上，考虑到数据的可得性，本书对燃煤发电的数据采用火力发电数据代替，从而分析燃煤发电对空气质量的影响。通过比较分析，发现相对于 2015 年，在我国火力发电量增加的情况下，以国家统计局公布的 2020 年中国分地区火电发电量与空气污染物为例，各地区主要空气污染物中二氧化硫、氮氧化物和烟尘排放量都在显著下降（见表 2-4）。

表 2-4　　　　　2020 年中国分地区火电发电量与空气污染物

地区	火电发电量/亿千瓦时	二氧化硫/万吨	氮氧化物/万吨	烟尘/万吨
北京	434	0.18	8.67	0.94
天津	668	1.02	11.7	1.56
河北	2352	16.17	76.97	37.07
山西	2924	16.05	56.34	45.13
内蒙古	4731	27.39	47.56	71.42
辽宁	1410	20.64	57.96	28.91
吉林	721	6.84	20.11	24.52
黑龙江	895	14.32	29.76	38.72

地区	火电发电量/亿千瓦时	二氧化硫/万吨	氮氧化物/万吨	烟尘/万吨
上海	835	0.54	15.98	1.05
江苏	4290	11.26	48.5	16.01
浙江	2432	5.15	38.73	8.6
安徽	2531	10.86	46.43	12.99
福建	1551	7.88	25.82	13.07
江西	1199	10.25	28.33	14.52
山东	5116	19.33	62.47	24.42
河南	2400	6.68	54.55	8.58
湖北	1243	9.72	49.8	18.91
湖南	849	10.24	27.33	21.46
广东	3425	11.69	60.78	15.65
广西	1032	8.78	29.34	11
海南	215	0.59	4.07	0.99
重庆	538	6.75	16.7	8.47
四川	513	16.31	40.45	22.4
贵州	1354	17.74	189.49	20.17
云南	415	17.66	34.44	29.57
西藏	1	0.57	5.39	1.02
陕西	2084	9.37	26.62	28.43
甘肃	901	8.58	19.64	14.9
青海	101	4.01	7.1	7.63
宁夏	1415	7.16	12.06	10.21
新疆	3193	14.48	28.59	55.04
地区均值	1670.00	10.27	38.12	19.79
2015 年地区均值	1364.74	59.97	59.71	49.61

2.3.2.2　相关分析理论

相关分析是一种常用于研究不同变量之间关系的统计学研究方法。相关系数是用来描述相关程度的统计量，如果为正值，表示两个变量存在正相关关系，如果为负值，表示两个变量存在负相关关系。一般采用皮尔逊相关系数进行计算：

$$r = \frac{\sum\limits_{i=1}^{n}(x_i - \bar{x})(y_i - \bar{y})}{\sqrt{\sum\limits_{i=1}^{n}(x_i - \bar{x})^2 \sum\limits_{i=1}^{n}(y_i - \bar{y})^2}} \qquad \text{式}(2-1)$$

样本简单相关系数的检验方法为：

当原假设 $H_0 : \rho = 0$，$n \geqslant 50$ 时，检验统计量为：

$$Z = \frac{r\sqrt{n-1}}{1-r^2} \qquad \text{式}(2-2)$$

当原假设 $H_0 : \rho = 0$，$n < 50$ 时，检验统计量为：

$$t = \frac{r\sqrt{n-2}}{\sqrt{1-r^2}}(df = n-2) \qquad \text{式}(2-3)$$

式中：r 为简单相关系数；n 为观测值个数（或样本容量）。

2.3.2.3 火力发电量与空气污染相关性分析

为消除不同量纲对相关性分析的影响，对数据进行标准化处理。本书利用式（2-4）进行计算：

$$x^* = \frac{x - \min}{\max - \min} \qquad \text{式}(2-4)$$

得到新数据范围在 0 到 1 之间，也称为归一化。对火力发电量、二氧化硫、氮氧化物和烟尘进行归一化处理。

通过 SPSS 软件，进行双变量相关性分析，火力发电量与二氧化硫的相对应的 r 是 0.572，因为 p 值是 0，小于 0.05，原假设被拒绝，火力发电量与二氧化硫排放存在正相关关系；火力发电量与氮氧化物相对应的 r 是 0.356，因为 p 值是 0，小于 0.05，原假设被拒绝，火力发电量与氮氧化物排放存在正相关关系；火力发电量与烟尘相对应的 r 是 0.533，因为 p 值是 0，小于 0.05，原假设被拒绝，火力发电量与烟尘排放存在正相关关系。

通过上述分析可以发现，火电发电量对空气主要污染物中二氧化硫、氮氧化物和烟尘的排放具有正相关性，而燃煤发电占到火电发电量的 90% 以上，因此，燃煤发电是造成空气污染的主要原因之一。为了建设美丽中国，煤电行业一直都在采取措施来实现煤电行业绿色发展（见图 2-7）。主要包括三种措施：

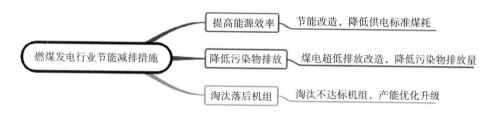

图 2 - 7　燃煤发电行业节能减排措施

一是节能改造，降低供电标准煤耗。截至 2018 年，我国煤电机组累计完成节能改造 6.5 亿千瓦。2019 年我国供电标准煤耗为 307 克标煤/千瓦时，相比于 1949 年、1978 年和 2002 年分别降低了 73%、35% 和 20%，已提前完成了"十三五"规划 310 克标煤/千瓦时的目标（见图 2 - 8）。

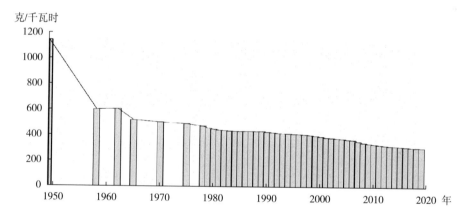

图 2 - 8　1949—2019 年供电标准煤耗

二是煤电超低排放改造，降低空气污染物排放量。截至 2018 年，我国煤电机组累计完成超低排放改造 7 亿千瓦以上，加上新建机组，已达 7.5 亿千瓦以上，我国的超低排放标准高于欧美等发达国家，已处于世界领先地位，接近于天然气排放强度。

三是提高环保、能耗标准，淘汰落后产能。截至 2018 年底，我国已淘汰落后煤电产能 0.22 亿千瓦以上，已提前完成了"十三五"规划淘汰落后产能 0.2 亿千瓦以上的目标。

2.3.3 煤电周期性冲突分析

"市场煤、计划电"是导致煤炭和电力冲突的根源。煤炭和电力作为我国能源系统中重要的两大行业，分别处在煤电能源供应链的上下游，互相影响。一方面，在我国电力结构中，由于环保政策趋严等变化，燃煤发电机组装机容量占发电设备总装机的比重虽呈现逐年下降趋势，但仍维持在50%以上，煤炭是我国发电重要的燃料来源。另一方面，电力行业消耗的动力煤占全部动力煤消费量的比重在50%~75%之间波动，煤炭行业同样依赖于电力行业的消耗。由于电力行业市场化改革滞后，燃煤电价不随市场需求进行及时调节，导致煤电双方的经济效益很大程度上由煤炭价格所决定。在实践运行中，煤炭和电力存在周期性冲突。

通过对比研究煤炭市场价格（见图2-9）、典型煤炭生产企业经营效益和火力发电企业经营效益（见图2-10），可以对煤电周期性冲突规律进行探索分析。

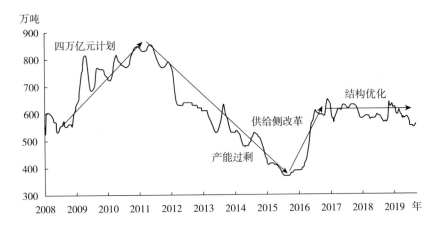

图2-9 煤炭价格周期变化

考虑到数据的可得性和代表性，对数据作出如下说明：

第一，煤炭市场价格选择煤炭市场中具有代表性的动力煤（Q5500[①]，山

[①] Q5500 表示发热量 5500 大卡。

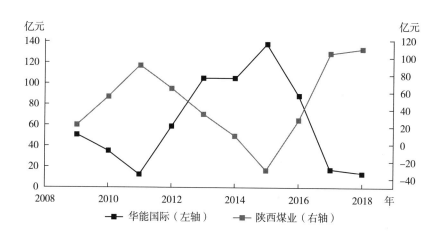

图 2 - 10　典型煤炭公司和电力公司净利润周期变化

西产）：秦皇岛市场价格。

第二，煤炭生产企业经营效益，选择以煤炭生产为主的上市公司陕西煤业（601225，2018 年报显示煤炭业务占总收入的 96.07%），经济效益选用每年年底上市公司公告的净利润。

第三，电力生产企业经营效益，选择以燃煤发电为主的上市公司华能国际（600111，2018 年报显示火电业务占总收入的 99.88%），经济效益选用每年年底上市公司公告的净利润。

通过分析可以发现，煤炭和电力行业经历了四个周期：

第一周期为 2009—2011 年，受四万亿元计划刺激，煤炭价格上涨，煤炭生产企业收入增加、净利润增加，处于上升周期，而电力企业成本增加、净利润减少，处于下降周期。

第二周期为 2012—2015 年，煤炭产能严重过剩，煤炭价格不断下跌，煤炭生产企业收入减少、净利润减少，处于下降周期，而电力企业成本降低、净利润增加，处于上升周期。

第三周期为 2016—2017 年，供给侧改革逐步推进，"三去一降一补"效果显著，煤炭价格上涨，煤炭生产企业收入增加、净利润增加，处于上升周期，而电力企业成本增加、净利润减少，处于下降周期。

第四周期为 2018 年至今，随着国家结构优化政策的实施，对于煤炭价格进行区间管控，目前煤炭价格处于绿色区间，整体波动不大。煤炭价格整体平稳，煤炭生产企业处于平稳发展周期，电力企业成本压力在逐渐降低，随着煤电去产能和煤电市场化改革推动落后产能逐步退出市场，未来电力行业将处于平稳上升周期。

从上述分析可以看出，煤炭行业和电力行业在历史上长期存在周期性冲突，其中煤炭行业与经济周期具有正相关性，因此通常称煤炭行业为正周期，电力行业为逆周期。随着国家一系列政策的出台，可以发现煤炭和电力的周期性冲突有所缓解。

2.4 新能源发电对煤电能源供应链的影响

2.4.1 中国风电发展现状分析

（1）我国风能资源丰富。风能是绿色可再生能源，我国是风能资源非常丰富的国家，尤其在东部沿海地区、东北、华北和西北地区。处于西北地区的甘肃省，拥有世界上最大的陆上风电场，装机容量达 7965 兆瓦，是世界第二大陆上风电场的 5 倍。

（2）我国风能利用经历了从弱小到强大，从跟随到赶超的发展过程。1949 年新中国成立以来，我国对于风能的开发利用，从最初解决海岛和牧区的小型离网风力发电，发展到目前青海等地的大规模并网发电，从模仿跟随国外风电技术到引领全球风电技术。

（3）我国风电装机容量和风电发电量增长迅猛，风电装机容量位居世界第一。截至 2019 年底，我国风电装机为 2.1 万千瓦（见图 2-11），同比增长 14%，占全部电力装机的 10.5%。风力发电量为 4057 亿千瓦时（见图 2-12），同比增长 10.9%，占总发电量的 5.5%。根据能源局最新公布数据，2019 年前三个季度，全国平均弃风率为 4.2%，同比下降 3.5 个百分点。从上述数据可以看出，装机容量增速明显高于发电量增速，而且弃风率在下降。

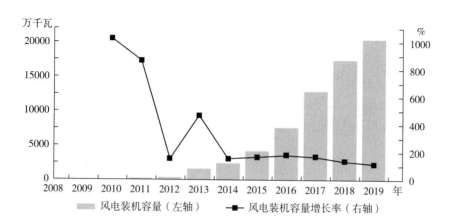

图 2-11　中国风电装机容量

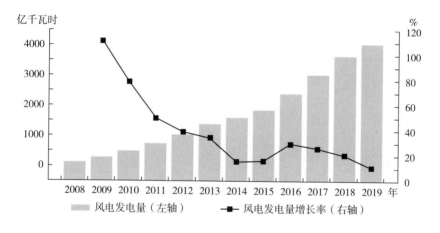

图 2-12　中国风电发电量

2.4.2　中国太阳能发电发展现状分析

（1）我国太阳能资源丰富。太阳能是绿色可再生能源，我国是太阳能资源非常丰富的国家，尤其在青藏高原地区。

（2）我国太阳能利用经历了从光热利用为主转变为光电利用为主的发展过程。1949—1997 年，以光热利用为主；从 1998 年至今，以光电利用为主。

（3）我国太阳能发电装机容量和发电量增长迅猛，太阳能装机容量位居

27

世界第一。截至 2019 年底，我国太阳能发电装机容量为 2.0 亿千瓦（见图 2 - 13），同比增长 17%，占全部电力装机容量的 10.2%；太阳能发电量为 2238 亿千瓦时（见图 2 - 14），同比增长 26.5%，占总发电量的 3.1%。根据能源局最新公布数据，2019 年前三个季度，全国平均弃光率为 1.9%，同比下降 1 个百分点。从上述数据可以看出，装机容量增速明显高于发电量增速，而且弃光率在下降。

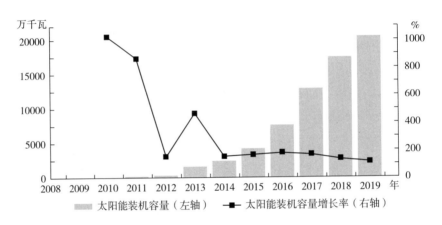

图 2 - 13　中国太阳能装机容量

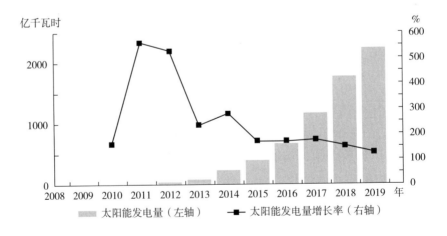

图 2 - 14　中国太阳能发电量

2.4.3　新能源发电对燃煤发电替代分析

2.4.3.1　世界能源发展转型历程

世界能源发展共经历了三次转型：第一次能源转型发生在 1900 年前后，由于蒸汽机的使用刺激了煤炭的消费，煤炭在能源消费中的比例超过了传统的生物燃料，此次转型耗时约 70 年；第二次能源转型发生在 1950 年前后，为车辆提供动力的内燃机的普遍使用推动了第二次能源转型，油气消费比例超过了煤炭，此次转型耗时约 50 年；第三次能源转型为以新能源为主的可再生能源占比超过化石能源占比。由于气候变化的压力，第三次能源转型速度将加快，到目前为止，可再生能源占比依然远低于化石能源占比，因此第三次能源转型尚未达到关键节点，预计可再生能源成为主流将需要近 30 年的时间。

2.4.3.2　我国能源发展转型情况

由于近代中国工业化进程相对欧美等发达国家较晚，中国以煤炭为主的能源结构决定了我国的能源转型主要为新能源与煤炭的比例关系变化。

考虑数据的可得性，从装机容量（见表 2 - 5）看，近十年中国能源结构变化情况呈现出以下三个特点：

一是风电和太阳能发电装机持续增长，风电从 2.01% 增加到 10.45%，太阳能发电从接近于 0.00% 增加到 10.18%，共增加了 18.61%；

二是火电装机容量占比持续下降，从 74.49% 下降到 59.21%，下降了 15.27%；

三是水电和核电装机容量整体变化不大，水电装机容量约占 20%，核电装机容量约占 2%，装机容量虽然有增加但是增量不大，所占比重变化不大。

表 2 - 5　　　　　　2009—2019 年装机容量及比重变化　　　单位：万千瓦时，%

年份	总计	水电		火电		核电		风电		太阳能发电	
		容量	比重	容量	比重	容量	比重	容量	比重	容量	比重
2009	87410	19629	22.46	65108	74.49	908	1.04	1760	2.01	2.5	0.00
2010	96641	21606	22.36	70967	73.43	1082	1.12	2958	3.06	26	0.03
2011	106253	23298	21.93	76834	72.31	1257	1.18	4623	4.35	222	0.21
2012	114676	24947	21.75	81968	71.48	1257	1.10	6142	5.36	341	0.30

续表

年份	总计	水电		火电		核电		风电		太阳能发电	
		容量	比重	容量	比重	容量	比重	容量	比重	容量	比重
2013	125768	28044	22.30	87009	69.18	1466	1.17	7652	6.08	1589	1.26
2014	137887	30486	22.11	93232	67.61	2008	1.46	9657	7.00	2486	1.80
2015	152527	31954	20.95	100554	65.93	2717	1.78	13075	8.57	4218	2.77
2016	165051	33207	20.12	106094	64.28	3364	2.04	14747	8.93	7631	4.62
2017	177708	34359	19.33	110495	62.18	3582	2.02	16325	9.19	12942	7.28
2018	190012	35259	18.56	114408	60.21	4466	2.35	18427	9.70	17433	9.17
2019	201066	35640	17.73	119055	59.21	4874	2.42	21005	10.45	20468	10.18
变化	113656	16011	-4.73	53947	-15.27	3966	1.39	19245	8.43	20466	10.18

从发电量（见表2-6）看，近十年也呈现出三个相同特点：

一是风电和太阳能发电量持续增长，风电发电量从0.75%增加到4.79%，太阳能发电量从接近于0.00%增加到3.05%，共增加了7.84%；

二是火电发电量占比持续下降，从80.81%下降到67.23%，下降了14.58%，下降幅度比较大；

三是水电和核电发电量整体变化不大，水电发电量约占17%，核电发电量约占3%，发电量虽然有增加但是增量不大，所占比重变化不大。

表2-6　　　　　　　　2009—2019年发电量容量及比重　　　单位：万千瓦，%

年份	总计	水电		火电		核电		风电		太阳能发电	
		发电量	比重	发电量	比重	发电量	比重	发电量	比重	发电量	比重
2009	36812	5717	15.53	30117	81.81	701	1.90	276	0.75	0.76	0.00
2010	42278	6867	16.24	34166	80.81	747	1.77	494	1.17	1	0.00
2011	47306	6681	14.12	39003	82.45	872	1.84	741	1.57	7	0.01
2012	49865	8556	17.16	39255	78.72	983	1.97	1030	2.07	36	0.07
2013	53721	8921	16.61	42216	78.58	1115	2.08	1383	2.57	84	0.16
2014	56801	10601	18.66	43030	75.76	1332	2.35	1598	2.81	235	0.41
2015	57400	11127	19.39	42307	73.71	1714	2.99	1856	3.23	395	0.69
2016	60228	11748	19.51	43273	71.85	2132	3.54	2409	4.00	665	1.10
2017	64171	11931	18.59	45558	70.99	2481	3.87	3034	4.73	1166	1.82
2018	69947	12321	17.61	50450	72.13	2950	4.22	3658	5.23	1769	2.53
2019	73253	13019	17.77	49249	67.23	3487	4.76	4057	5.54	2238	3.06
变化	36441	7302	2.24	19132	-14.58	2786	2.86	3781	4.79	2237	3.05

从整体来看，从火电占比下降的容量空间和发电量空间大部分被风电和太阳发电装机和发电量所替代。但从装机容量和发电量比较来看，风电和太阳能发电机组的装机容量占比高于发电量占比，说明风电和太阳能发电机组的利用率依然偏低。未来应该采取相应的政策机制，加强可再生能源电力消纳，减少弃风弃光现象的发生。

2.4.3.3 新能源发电对燃煤发电替代分析

从供给侧来看，随着新能源边际成本的降低，新能源发电将逐步挤压燃煤发电市场。能源替代发生的时间主要取决于能源生产成本的变化。在地球上，煤炭资源的储量是有限的，随着开采量的增加，开采难度将越来越大，从而导致能源生产成本的增加。国际可再生能源署研究认为，风电、光伏成本下降主要源于三个因素：一是技术进步带来的新能源发电效率提高，单位发电成本降低；二是采用市场化竞标机制，高效率新能源发电站逐步占领发电市场；三是新能源项目规模化发展，形成规模经济。随着新能源边际生产成本的逐步下降，当煤炭边际生产成本高于新能源边际生产成本时，就会出现能源替代（见图 2–15）。

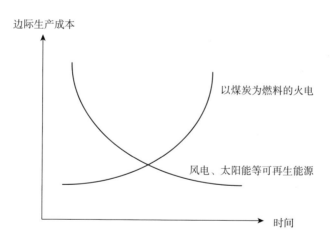

图 2–15 能源替代分析

我国从 2019 年开始开展平价上网项目和低价上网试点项目建设。以光伏发电为例，从 2007 年至今，光伏发电成本下降了 90% 以上。在美国，风、光发电成本已经能够等同或低于煤电。我国部分区域具备平价条件，2018

年，风电投标中已出现低价投标现象，在内蒙古和辽宁等地已经可以实现平价上网。而平价上网一旦实现，增量市场将被打开，替代传统煤电，新能源在国内外将会有更广阔的增长和投资空间，从供给侧挤占燃煤发电市场。

从需求侧来看，随着可再生能源电力消纳保障交易机制的实施，将大幅度占领煤电消费市场。当前，新能源的消纳问题突出。为降低弃风率和弃光率，国家于2020年开始实施可再生能源电力消纳保障交易机制，这是直接关乎清洁能源消纳的政策，该政策为2017年实施的绿色电力证书交易机制提供了强制交易市场需求。可再生能源电力消纳保障机制和绿色电力证书交易机制有利于解决清洁能源的消纳难题。同时，由于我国目前可再生能源补贴缺口巨大，可再生能源电力消纳保障交易机制的实施将形成绿色电力证书强制交易市场，绿色电力证书持有者可以通过市场机制获得补贴，从而减轻国家的补贴压力。

从整体看来，经历十多年的高速发展，新能源已经步入高速发展期，在不久的将来步入成熟期。新能源在以前主要靠补贴发展，2019年以后已进入平价竞争上网发展阶段。有效解决弃风、弃光问题才能切实保障新能源的整体收益。虽然现阶段新能源的发展还不能完全摆脱补贴，但是在可预见的未来，新能源是有可能与煤电分庭抗争的。

2.5 本章小结

本章着重讨论了煤电能源供应链发展的现状及存在的问题，受煤炭和电力发展现状、煤炭进出口、环境减排压力、新能源替代、去产能、煤电联营、中长期合同等影响，煤电能源供应链协调运行面临新的机遇和挑战。本章对上述情形下煤电能源供应链发展现状及存在问题进行了分析。

第3章 煤炭与电力协调运行政策分析

3.1 引言

在我国煤电能源供应链发展过程中，煤炭和电力两个产业在很长时间内是不存在严重冲突的，当前煤电冲突的主要原因是电力市场化改革滞后于煤炭市场化改革所引起的，具体表现为煤电价格冲突。煤电价格冲突发端于1985年的计划外指导价改革，由于当时计划外产量占比不高，对电煤市场影响不大；真正开始于1993年电煤市场双轨制改革，市场上存在重点合同电煤价格和煤炭市场价格两种不同的定价方式，重点合同电煤价格大部分时间低于煤炭市场价格，但在该时期，受东南亚金融危机的影响，煤炭市场供大于求，主要体现为煤炭行业内部竞争；集中爆发于2003年，主要是由于我国加入世界贸易组织后，经济发展进入加速期，出口、消费和投资三驾马车极大地拉动了经济增长，煤炭和电力需求迅猛增长，但从2002年起，国家停止发布电煤政府指导价，煤炭价格市场化改革进入探索阶段，从此以后煤炭和电力价格冲突不断。

为了缓解煤炭和电力领域日益严重的价格冲突问题，中国政府采取了一系列促进煤电能源供应链协调运行政策，如过去的全国的煤炭订货会、煤电联动机制等，现在的全国煤炭交易会、煤电浮动机制等，在煤炭与电力发展进程中的某一历史阶段曾经起到过积极的推动作用，但是，随着煤炭市场改革力度的进一步加大，部分政策分析严重阻碍煤炭与电力协调运行。在国内，煤炭与电力两个行业历史上长期处于分业管理状态，改革时间相对较短，再加上管理体制改革不同步，导致煤炭与电力协调运行过程中容易诱发新的矛盾。在国外，美国、日本等典型国家同样面临着煤炭与电力协调运行问题，积累了相对成熟的政策经验。因此，对国内外煤炭与电力协调运行政策进行分析总结，可以为我国的煤炭和电力协调运行提供重要的经验借鉴。

基于上述分析，本章将分析国内煤炭与电力协调运行政策、国外煤炭与电力协调运行政策，并分析由此带来的启示。首先，分别分析全国煤炭订货会与全国煤炭交易会、煤电联动机制与煤电浮动机制、煤炭与电力企业纵向资源整合、煤电市场化改革、重点合同与中长期合同、煤炭与电力管理体制等国内政策。其次，分别分析南非、美国、英国、日本、澳大利亚、德国等典型国家煤炭与电力协调运行政策。最后，结合国内外政策分析，提出针对我国当前环境下煤炭与电力协调运行的启示。多年来，煤炭和电力共同为我国国民经济的健康高效运行作出了巨大贡献，积极推进煤炭和电力协调运行是健全和完善我国社会主义市场经济体系的重要内容。

3.2 国内煤炭与电力协调运行政策分析

3.2.1 全国煤炭订货会与全国煤炭交易会

新中国成立以来，为有效协调煤炭和电力行业的稳定运行，我国曾组织过两种类型的全国性质煤炭交易会，分别称为全国煤炭订货会、全国煤炭交易会，其中，全国煤炭订货会开始于1953年，2005年更名为全国重点煤炭产运需衔接会，2009年终止；全国煤炭交易会开始于2013年12月，一直持续至今。图3-1为全国性质煤炭交易会发展历程。

全国煤炭交易会与过去的全国煤炭订货会相比，相同之处在于：（1）二者都是煤炭产运需交流沟通平台。（2）参与主体相同，主要是煤炭生产企业、煤炭贸易企业和煤炭需求企业。（3）二者都是为了解决所处历史阶段的能源稳定供应服务，全国煤炭订货会是为了解决计划经济时代煤炭稳定供应服务，全国煤炭交易会订货会是为了解决市场经济时代煤炭稳定供应服务。

全国煤炭交易会与过去的全国煤炭订货会相比，不同之处在于：（1）调控手段不同，全国煤炭订货会采用行政手段进行直接调控，全国煤炭交易会采用市场手段进行间接调控。（2）价格形成方式不同，全国煤炭订货会大多

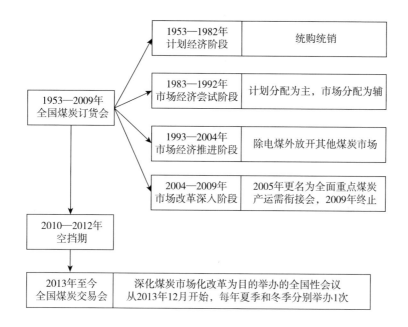

图 3 - 1　全国性质煤炭交易会发展历程

采用政府定价，全国煤炭交易会采用市场定价。（3）举办次数不同，全国煤炭订货会为每年冬季 12 月举办，共举办 1 次；全国煤炭交易会为每年夏季 7 月和冬季 12 月分别举办，共举办 2 次。

全国煤炭交易会对煤炭与电力协调运行的影响主要有：（1）搭建交易平台，有利于达成共识，便于中长期合同的价格条款谈判。尤其是 2016 年以来煤炭中长期合同签订中价格条款的基准价确定，煤电双方在煤炭价格谈判冲突不断，在合同签订时，往往难以达成一致。通过全国煤炭交易会可以为煤炭和电力企业提供一个信息交流共享的平台，有利于达成共识，推动煤炭和电力行业的协调运行。（2）由于煤炭消费具有明显的季节性，随着举办次数的增加，有利于煤炭和电力双方及时根据市场情况调整自身策略。（3）信息交流平台，通过全国煤炭交易会，交流最新的能源政策、先进的生产技术、经营管理理念和项目案例，推动煤炭和电力行业的转型升级。因此，全国煤炭交易会在价格谈判、信息交流等方面对煤炭与电力协调运行起到积极的推动作用。

3.2.2 煤电联动机制与煤电浮动机制

煤电联动机制开始于 2004 年，并于 2012 年和 2015 年进行两次修订，于 2019 年取消（见图 3 - 2）。制定煤电联动机制是为了疏导日益严重的煤电冲突，该机制在实践过程中不断修改完善。但是，从实践效果来看，煤电联动机制存在调整周期长、调整不及时、达到调整条件未进行调整等突出问题，实践的效果并不理想。据调查，排除与税费有关的电价调整，真正因为煤炭价格变动而进行的电价调整只有四次，分别为 2004 年 5 月、2005 年 6 月、2015 年 4 月和 2015 年 12 月。整体而言，煤电联动机制在历史上对煤电冲突起到了一定的缓解作用，但是存在着联动同步性差、不能有效发挥市场在资源配置中的决定性作用等问题。2019 年，国务院发布通知取消煤电联动机制。

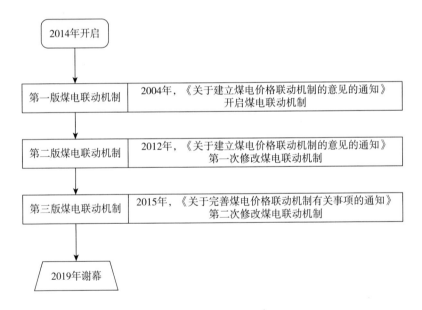

图 3 - 2　煤电联动机制发展历程

煤电浮动机制是煤电联动机制的升级版，于 2020 年正式施行，用于代替煤电联动机制，采用"基准价 + 上下浮动"方式，一方面在有限的价格区间内，激活市场活力，实现资源的优化配置；另一方面，设置上下浮动区间，降低双方风险，既可以避免价格过高导致工商业企业经营成本过高，影响经济发展活力，又可以避免价格过低导致电力企业经营困难，影响电力企业的投资与发展。

煤电浮动机制与过去的煤电联动机制相比，不同之处在于：（1）燃煤发电上网电价形成机制不同，将现行标杆上网电价机制改为"基准价 + 上下浮动"的市场化价格机制。（2）燃煤发电上网电价调节机制不同，以前由国家发展改革委以行政方式进行煤电联动调整价格，现在是由市场化方式在浮动范围内自动进行调整价格。（3）燃煤发电上网电价调整周期不同，以前是按年或者 6 个月进行调整，现在是实时调整。

煤电浮动机制与过去的煤电联动机制相比，相同之处在于：（1）基准价和燃煤发电标杆为同一价格，基准价按各地现行燃煤发电标杆上网电价确定。（2）浮动范围受到限制。煤电联动机制明确规定了联动调节范围和方式；煤电浮动机制下，设置了浮动上下限，浮动幅度范围为上浮不超过 10%、下浮原则上不超过 15%。（3）行政干预色彩依然浓厚。煤电联动机制下，煤电机制的调整受行政干预严重，曾出现过达到联动条件而未联动的情况；煤电浮动机制下，国家规定，2020 年暂不上浮，确保工商业平均电价只降不升。

煤电浮动机制对未来煤电能源供应链的影响主要有：（1）从短期来看，2020 年暂不上浮，确保工商业平均电价只降不升，火电企业收入将受到一定影响。（2）从长期来看，煤电浮动幅度范围为上浮不超过 10%、下浮原则上不超过 15%。国家发展改革委可根据情况对 2020 年后的浮动方式进行调控，理论上会有不超过 10% 上浮，未来火电企业有盈利空间。同时，煤电浮动机制有利于先进机组释放产能，通过市场化交易机制，先进机组可以获得竞价优势，提高发电利用小时数，进而逐步将落后机组淘汰出市场。

3.2.3　煤炭与电力企业纵向资源整合

煤炭与电力企业纵向资源整合，简称煤电联营，历史上最早可以追溯到 1903 年，近代煤炭工业源头开滦煤矿在唐山、林西等地煤矿矿井附近建设电厂，其中唐山火电厂是当时中国最大的火力发电厂。1949 年新中国成立以后，我国煤炭和电力行业长期处于分业管理模式，行政壁垒严重，相互渗透率低。20世纪70年代，部分煤矿开始煤电联营尝试。1989年，国务院正式批准第一家国家层面煤电联营试点项目——伊敏煤电项目。之后，煤炭和电力行业陆续进行了煤电联营尝试。2002年以后，随着电力体制改革的推进，电煤价格随市场行情上涨，发电企业成本压力增大，发电企业在煤电联营方面进行了大量探索尝试。2012年之后，市场反转，煤炭价格下跌，煤炭生产企业与电力企业对煤电联营都表现出较高的积极性。2016年，煤电联营受到国家前所未有的政策支持。截至2017年，主要发电集团的煤炭总产量为2.4亿吨，占到全国煤炭产量的6.8%，煤炭生产企业参股、控股电厂权益装机容量3亿千瓦，占全国火电装机的27.1%。

经过多年实践，中国在煤电联营方面进行多种模式尝试，目前的模式主要包括：（1）煤电一体化模式，煤炭和电力为同一法人，如以煤炭向下联营的中煤哈密电厂和电力向上联营的华能伊敏煤业。（2）煤电交叉持股模式，煤炭和电力相互交叉持股，共担风险和共享收益，如淮南矿业分别与上海能源和浙江能源均股设立的煤矿和配套电厂。（3）煤电重组模式，在集团层面实现重组，如神华集团和国电集团重组为国家能源集团。

整体来看，我国煤电联营主要表现出以下特点：（1）从数据来看，煤电联营取得一定进展，但是煤电联营所占比例仍然不高，未来还有很大的发展空间。（2）从实践来看，煤电联营可以改善煤电联营企业的收益，但是目前仍然存在政策落地配套制度不健全等不少制约因素。

3.2.4　重点合同与中长期合同

重点合同是指重点煤炭生产企业和燃煤发电企业签订的供应量较大的煤炭供应合同，重点合同价格为独立于煤炭市场价格以外的电煤价格，主要是为保障电力供应，缓解燃煤发电企业经营压力，由国家发展改革委牵头，大多数时间低于煤炭市场价格，每年供应量约为5亿吨，开始于1993年，并于2013年废除。中长期合同是指买卖双方约定期限在一年及以上的单笔数量超过一定数量的合同，如煤炭中长期合同是指超过20万吨。煤炭中长期合同，从2016年开始大力推行，电力中长期合同，从2020年开始大力推行。

重点合同在历史上对于保障能源稳定供应、改善燃煤发电企业经营业绩起到良好的保障作用。以大同煤业为例，2011 年每吨煤炭的重点合同煤价比市场煤炭价格低 190 元，该煤炭生产企业的重点合同电煤供应量为 4000 万吨，相对于折价 68 亿元，而当年该企业盈利仅为 21 亿元。由此可以看出，长期以来，重点合同电煤价格与煤炭市场价格的背离，严重影响了煤炭企业的经营业绩，影响企业的投资和发展。为了推进煤炭市场化改革，2013 年取消重点合同，煤炭价格彻底市场化，由供需双方自主协商定价。2016 年，随着供给侧改革的推进，煤炭价格上涨，煤电冲突严重，国家开始大力推行中长期合同签订与履行，并在实践过程中不断加快推进。

煤炭中长期合同与历史上的重点合同比较，不同之处主要在于：（1）合同定价机制不同，将固定价变为"基准价 + 浮动价"。（2）合同保障机制不同，相比以前对签订与履约比例的考核，引入信用考核机制，保障机制更加完善。（3）合同期限不同，将重点合同中的年度合同变为 1 年以上合同。

煤炭中长期合同与历史上的重点合同比较，相同之处在于：（1）目的相同，主要是保障电力供应稳定。（2）签订合同双方基本一致，主要是煤炭生产企业和燃煤发电企业。（3）价格冲突依然严重，针对中长期合同基准价，浮动价的浮动基准和比例的确定，合同各方分歧较大。

综上所述，采用浮动价格机制下煤炭中长期合同，在煤炭与电力协调运行中发挥着越来越重要的作用。随着煤炭中长期合同效果的逐步显现，从 2020 年开始，我国在电力领域大力推行电力中长期合同。

3.2.5　煤炭与电力价格市场化改革

3.2.5.1　电煤价格市场化改革

新中国成立以来，我国的煤炭价格主要分为两种：一种是由市场供求关系而确定的市场价格；另一种是由计划外价格、重点合同电煤价格、中长期合同价格所形成的独立于市场价格的另外一种价格，往往低于市场价格。两种价格并存的阶段被称为价格双轨制阶段。图 3 - 3 为煤炭价格市场化改革历程。

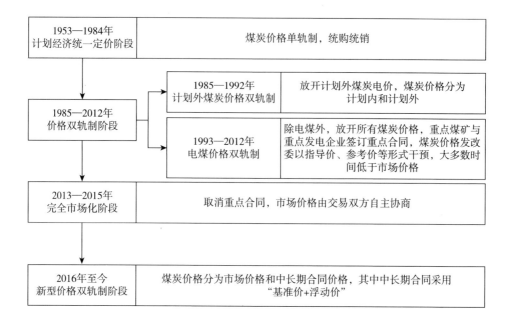

图 3 - 3　煤炭价格市场化改革历程

3.2.5.2　燃煤电价市场化改革

燃煤电价市场化改革是伴随着电价改革进行的，2019 年，国家发展改革委发布《关于深化燃煤发电上网电价形成机制改革的指导意见》指出，2020年将实施新型的"基准价＋上下浮动"的煤电浮动机制。对于过去的煤电联动机制，其突出问题是，燃煤标杆电价调整呈现出比较明显的滞后性，没有达到预期政策目标，给电力企业经营带来了较大压力。图 3 - 4 为电力价格市场化改革历程。

燃煤上网电价构成包括标杆电价、环保电价组成。环保电价主要用于改善空气质量和减排，对于安装了污染物脱除设施的机组，其额外的脱硫（自2004 年起征）、脱硝（自 2011 年起征）和除尘（自 2013 年起征）成本将计入其标杆上网电价。国家发展改革委负责发布标杆上网电价和额外的环保电价。以山东省为例，燃煤上网电价中标杆电价和环保电价构成如图 3 - 5所示。

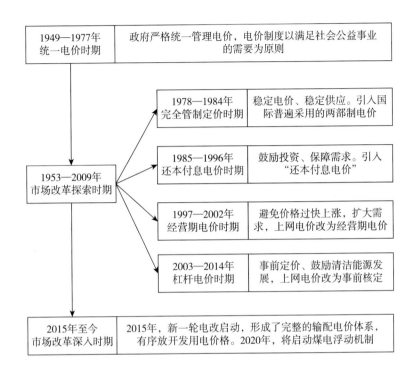

图 3-4　电力价格市场化改革历程

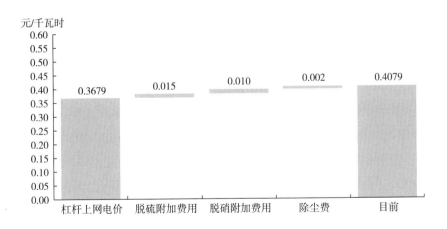

图 3-5　燃煤标杆电价的构成

燃煤标杆电价制度的取消，最主要的原因是市场化交易比例不断提升，以及对于电价下降的要求不断增强。根据中国电力企业联合会统计数据，2019年上半年市场化交易电量同比增长50.9%，占总发电量比重已经由2018年平均30.2%提升至2019年的33.4%，并且市场化电价0.34元/千瓦时已显著低于0.38元/千瓦时的全国平均燃煤标杆电价，这些使煤电联动机制在当前已失去其原本意义。

3.2.5.3　煤炭价格与燃煤电价关系分析

考虑到数据的可得性，以2008—2019年的煤炭价格与燃煤电价进行分析，煤炭价格采用秦皇岛5500大卡动力煤价格，燃煤电价采用华北电网北京燃煤发电上网电价（不含税费），煤炭价格与燃煤电价走势，如图3-6所示。为更好地展现二者的变动关系，以平均价格为基准价格，各个时间的市场价格与基准价格相除得到燃煤标杆电价与煤炭价格变动幅度，如图3-7所示。

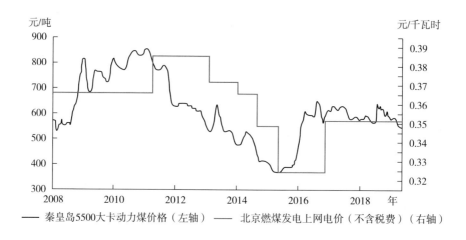

图3-6　燃煤标杆电价与煤炭价格关系

从图3-7中可以看出如下规律：

一是煤炭价格灵活，随着市场变化，动态调整快，燃煤发电上网电价调整不灵活，调整周期长；

二是煤炭价格上下波动幅度非常大，燃煤发电上网电价变动幅度小；

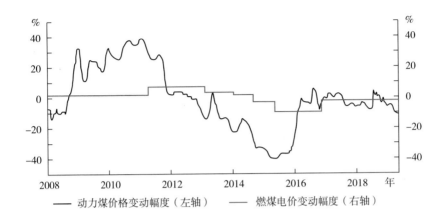

图 3 - 7　燃煤标杆电价与煤炭价格变动幅度

三是燃煤发电上网电价的涨跌与煤炭价格变动高度相关，但是滞后于煤炭价格的变化，当煤炭价格上涨的时候，滞后很长时间才开始上涨，当煤炭价格下跌的时候，滞后很长时间才下降；

四是燃煤发电上网电价的上调和下降幅度远小于煤炭价格的上涨和下跌幅度；

五是 2016 年以后，燃煤价格变动幅度相比以前较为平缓。

3.2.6　煤炭与电力管理体制

从历史来看，我国能源与电力管理体制经过多次改革，煤炭工业部、电力工业部多次成立、撤销、合并、分开。从整体上看，煤炭与电力两个部门长期处于分业管理状态。一方面，分业直接管理体现了国家的重视，有利于煤炭和电力行业的快速发展；另一方面，长期的分业管理导致两个行业形成巨大的行政壁垒，发展过程中协调性差，上下游融合难度大。在历史上国家曾经做过多次尝试，取得一定的经验，但是也遇到很大的阻力。为有效加强能源行业宏观管理和协调，国家于 2008 年重组国家能源局，并随着 2013 年大部制改革的推进，将逐步形成统一的能源管理部门，从体制上加强煤炭和电力的统一管理。图 3 - 8 为煤炭与电力管理体制变革历程。

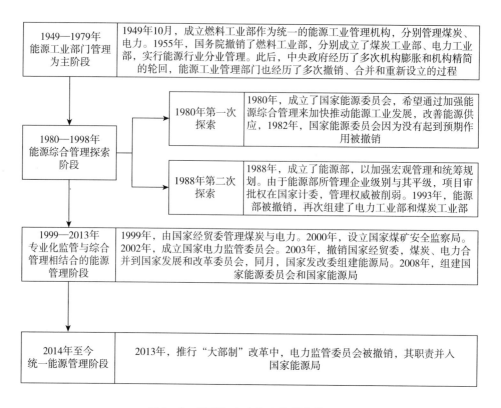

图3-8 煤炭与电力管理体制变革历程

3.3 国外煤炭与电力协调运行政策分析

3.3.1 南非煤炭与电力协调运行政策分析

（1）电力价格由国家管控。南非是非洲大陆的能源生产和消费大国，电力价格由国家管控，但受政府管控出现电力价格无法及时传导给客户。十年来，垄断型国企 Eskom 在煤炭领域投资的大幅减少，对煤炭资源的控制能力下降，尤其是面对国外煤炭需求国的竞争，煤炭采购价格上升导致电力生产成本的增加，如2019年债务高达2000亿美元，部分区域面临拉闸限电现象。

（2）垄断的国企治理能力不够。南非的电力主要由 Eskom 供应，企业运行效率低下，多次出现由于机组和线路检修不及时，导致的断电现象。

44

（3）电力公司通过煤电联营和长期供煤合同保障煤炭资源供应。南非在煤炭基地附近建立坑口电站，利用煤电联营和长期供煤合同建立稳定的煤炭供应关系，比较有效地缓解煤电冲突。在过去很长时间内，煤炭和电力不存在严重的煤电冲突，也归功于国内煤炭资源丰富。

（4）电力领域缺乏竞争，导致效率低下。现在，南非在役的燃煤电站多为老旧机组，污染严重，由于燃煤电站机组服役时间长，耗能大和污染严重，导致面临环保压力巨大，同时经营成本也在增加。因此，在煤炭和电力领域需要引入竞争机制，通过市场竞争机制，实现优胜劣汰，进而促进燃煤机组的改造升级。

因此，在煤炭与电力协调运行方面，南非在煤炭基地附近建立坑口电站，利用煤电联营和长期供煤合同建立稳定的煤炭供应关系的方法是比较有效缓解煤电冲突的措施。但南非电力领域缺乏竞争，导致效率低下。因此，在煤炭和电力领域要引入竞争机制，通过市场竞争机制，实现优胜劣汰，进而促进先进矿区和先进燃煤机组的发展。

3.3.2　美国煤炭与电力协调运行政策分析

（1）发挥市场在资源配置中的作用。美国是煤炭资源储量非常丰富的国家，发电用煤约占煤炭消费的90%。在煤炭与电力市场，引入竞争机制、高度市场化等方法，打破地域垄断，发电与输配电分开，广大电力用户可以从电力价格较低的燃煤发电企业处购电，从而激活燃煤发电企业采取有力措施降低生产成本，从而赢得市场。

（2）煤电价格联动机制完善。在电价市场化改革之前，电力价格由基价和燃料调整费用两部分构成，基价长期固定，燃料调整费用受燃料价格影响，采取浮动调整，调整周期最短为1个月。

（3）长期合同制度健全。美国，煤炭生产企业和燃煤发电企业通过签订合同的形式来保障能源供应，合同为标准合同，条款完备，由于具有完备的纠纷解决和履约保证金制度，可以有效避免价格纠纷、合同违约等现象的发生，通常合同期限较长，多为10年期以上。

（4）产能过剩，导致企业经营困难甚至破产。近年来，美国煤炭市场受到电力需求不旺和燃煤火电发电比例下降的影响，煤炭市场面临产能过剩，多家煤炭生产企业经营困难申请破产。同时，受到奥巴马时期《清洁生产法》的限制，燃煤发电行业发展受到一定的限制，虽然特朗普政府取消了《清洁生产法》，并退出《巴黎气候条约》，但是美国的煤炭与电力市场仍存在产能过剩现象，企业存在着经营困难甚至破产的风险。

因此，从美国关于煤炭与电力协调发展政策分析来看，引入竞争机制、完善煤电联动机制、健全中长期合同制度是缓解煤电冲突的有效手段。同时，能源需求与能源转型对煤炭和燃煤发电行业有重要影响，当市场面临产能过剩时，国家应该从供给侧采取有效措施减少产能，从而实现行业脱困和稳定发展，避免行业竞争激烈导致大面积破产现象的发生。

3.3.3 英国煤炭与电力协调运行政策分析

（1）高度市场化。英国是市场经济高度发达的国家，在煤炭与电力领域也实行高度市场化。从历史来看，英国电力市场化改革是从1980年电力企业私有化后逐步建立的，在2003年政府《能源白皮书》表示，能源新政策将完全放开能源市场，煤炭价格和电力价格由市场供需关系形成，政府不进行干预，也不设定最高和最低价格限制。企业根据市场需求决定进入或退出市场，以及投资新建煤矿或机组。在煤炭和电力市场中，存在两种类型合同，一种为固定价格的长期合同，另一种为市场价格的短期交易合同。从实践来看，煤炭与电力市场化使终端用户受益明显，据测算，相对于改革前，终端用户每年可节约7.5亿英镑的用电费用。

（2）能源结构转型向清洁能源转型，大量的煤矿和燃煤电站关停。近年来，受英国政府《清洁空气法》的限制，煤炭消费与燃煤发电不断下降。英国能源结构快速向清洁能源转型，2015年，英国政府宣布关闭全部井工煤矿，2025年前逐步关停燃煤电站；2019年，煤矿中仅剩很少几个小露天煤矿，燃煤电站仅剩6个用于应急备用，在2016年、2017年、2018年3年无煤日尝试的基础上，2019年实现7天无煤日的新纪录。世界上第一座燃煤电站诞生于伦敦，大烟囱曾是工业文明的图腾。为降低成本、减少污染，英国的一些燃煤电站开始采用生物质和天然气代替煤炭。

综上所述，从英国在煤炭与电力协调运行政策分析可以看出，市场竞争可以提升生产效率，降低终端用户的用电价格，也是有效发挥市场作用解决煤电冲突的重要手段。同时，也可以看出，煤炭和电力行业在能源结构调整过程中，应该大力提高煤炭清洁化利用水平，当煤炭的排放水平与天然气等新能源相近时，将获得竞争优势，进而稳固市场占有量。

3.3.4　日本煤炭与电力协调运行政策分析

（1）签订长期供煤合同，按季度调整采购价格。日本是能源消费大国，同时也是能源生产小国。由于国内煤炭储量较少，日本是世界上主要的煤炭进口国，2019 年，日本煤炭进口量为 1.87 亿吨。受 2011 年福岛核电事故的影响，约有 30% 的电力由其他能源代替，其中煤炭占了很大一部分。目前，日本与主要煤炭出口国签订长期供煤合同，价格每季度协商一次。一方面，保障煤炭供应；另一方面，根据市场变化及时调整采购价格。

（2）制定一套完善的煤电价格联动政策。电费价格分为两部分，一部分为基本电价，另一部分为燃料浮动电价，燃料浮动电价根据各个季度的原油、天然气和煤炭价格并乘以比例权重与标准燃料价格进行比较，进而实现电价的浮动调整。

（3）开发应用超低排放机组。对现有燃煤发电机组进行改造升级，开发并应用低排放、高能效的超临界压力发电机组。

（4）政策制定与实施的不确定性，导致多个煤电项目面临停工风险。由于政府缺乏明确的政策和路线图，2012 年以来，启动的 50 个燃煤发电改造项目，9 个项目改造失败。同时，根据日本的《节能法》和《环境影响评估法》，对燃煤电站建设进行了限制，更多的项目也将面临终止执行，重新评估，进而可能面临投资搁浅的风险。

因此，从日本的政策分析来看，长期合同、完善的煤电价格联动政策和推广应用超低排放机组可以有效缓解煤电冲突。同时，政府在煤炭清洁利用方面要做好顶层设计，合理确定新建或改建机组能达到超低排放标准，避免盲目投资导致的投资风险。

3.3.5　澳大利亚煤炭与电力协调运行政策分析

（1）煤电一体化运营方式的先驱者。澳大利亚煤炭资源储量丰富，是世界上主要的煤炭出口国，同时也是煤电一体化运营方式的先驱者。澳大利亚在煤炭资源储量丰富的维多利亚州拉特罗勃郡矿区，在企业建设之初，就采用煤电一体化运营方式，经过100多年的发展，已形成煤电一体化大型能源企业，供应维多利亚州全州的用电。目前，燃煤发电约占澳大利亚电力市场的71%，低廉的煤炭价格将在未来很长一段时间内仍然是澳大利亚的主体能源。

（2）供电系统混乱无序，导致电价增长过快。如今，澳大利亚电价10年增长1倍，被称为世界上电价最贵的国家，主要是由于澳大利亚供电系统混乱无序所导致。

（3）新能源补贴过多，导致燃煤发电企业经营困难倒闭停产，进一步加剧了供电紧张。受澳大利亚政府《直接行动计划》影响，清洁能源获得大量补贴，燃煤电厂经营困难，多家大型燃煤电厂关闭，进一步拉大供电缺口，为此，澳大利亚政府不得不出台《国家能源保障计划》，要求电力销售公司必须购买一定的燃煤发电量，才能购买价格低廉的新能源发电量。

从上述分析可以看出，澳大利亚在煤炭与电力协调运行政策分析方面，煤电一体化是解决煤电冲突的重要手段。同时，要加强电价市场化改革，逐步减少甚至取消新能源电价补贴，实现平价上网，保障传统能源和新能源的平稳发展，形成稳定的供应关系，避免煤炭价格和电力价格的异常波动。

3.3.6　德国煤炭与电力协调运行政策分析

（1）利用国际市场进行跨期保值。德国是世界上最先进的发达国家之一，同时德国也是煤炭资源储量丰富的国家之一，著名的鲁尔工业区就是德国最主要的煤炭生产基地。目前，燃煤发电量占总发电量的40%左右。受德国国内煤炭开采成本的增加，目前德国主要从国外进口煤炭，采购合同分为长期合同和短期合同，为规避价格风险从国际市场购买金融衍生品进行跨期保值。

（2）成立燃料管理部门，统筹组织煤炭供应。以德国电力公司为例，在能源管理中成立独立的燃料管理部门，负责整个公司的煤炭管理体系，保障不会因运输、煤源变化等因素影响中断供煤，部门内部设有研究中心，专门负责采购燃煤的煤质研究、建立公司煤质数据库、平衡全公司所有机组燃煤的煤质，针对每台锅炉研究确定各种燃煤的掺烧方案，制定燃煤的掺烧比例标准，实现公司燃料效益的整体最大化。

（3）受新能源政策影响，煤电企业经营困难。受福岛核电站影响，德国关停大量核电站，可再生能源难以补上缺口，大多数采用煤炭替代，同时受到电力需求不足和低碳政策的影响，能源企业经营面临较大困难。以德国电力公司为例，受到碳排放政策影响，发电成本大幅上升，同时煤炭开采计划也受到了当地政府的限制，该公司首席执行官 Peter Terium 表示，这是公司有史以来面临的最严重的困难。

因此，通过对德国煤炭与电力协调运行的主要政策分析发现，利用金融市场进行套期保值，成立燃料管理部门协调煤炭与电力是解决煤电冲突的重要手段。同时，要关注低碳政策对煤电市场的冲击，避免经营困难导致煤炭和电力行业陷入困境。

3.4　国内外煤炭与电力协调运行政策分析启示

国内外煤炭与电力协调政策分析带给我国当前环境下煤炭与电力协调运行的启示主要有：

（1）建设清洁高效煤电利用体系。受环保标准的提高和重要环保督察制度的推进，我国煤炭和煤电行业面临着巨大的挑战。结合国外政策分析，高污染、高排放产能退出市场已成为历史趋势。因此，对于煤电能源供应链相关企业，应该积极采取行动，改建或新建低污染、低排放先进产能，建设清洁高效煤电利用体系，维持和巩固市场空间。同时，受我国矿产资源的禀赋特征影响，虽然煤炭在一次能源生产和消费的比重在降低，但占比在 50% 以上，在相对长一段时间内，煤炭和煤电仍然是我国的基础能源，但也要清醒认识到，未来煤炭和煤电生存压力会增加，应做好低碳政策下的应对策略。

（2）构建一元化的能源管理体制。中国能源管理体制经过多年的改革，经历了多次的集中到分开、分开到集中，现在采用的是集中管理体制，正在与现代能源管理体制接轨，并在不断完善中。美国、澳大利亚等典型国家均设有统一、专门的能源主管部门。以去产能政策为例，随着2016年煤炭去产能政策的效果显现，导致煤炭行业迅速脱困，由于电力是煤炭的下游产业，煤电行业面临着经营困难，2017年开始施行煤电去产能政策。由于煤炭去产能政策和煤电去产能政策在执行时间和去产能规模不一致，导致煤炭供需在短时间内不平衡，煤炭中长期合同价格谈判难度大。为了实现煤炭和电力去产能政策的协同，2018年和2019年，国家开始煤炭和煤电去产能政策统一规划、统一下达。因此，一元化集中的能源管理部门，能在政策制定和实施过程统筹规划，及时进行政策的协同。

（3）推进煤炭和电力企业横向和纵向资源整合。大量低端产能的存在，是导致市场乱象和难以管控的主要原因。通过煤炭和电力行业横向和纵向资源整合形成大型能源集团，有利于提高企业的风险抵御能力和市场竞争能力。从国外典型国家来看，煤电联营和上下游一体化的发展趋势非常明显，未来煤电联营是整个煤电能源供应链发展的大趋势。煤电联营能够一定程度上缓解我国当前煤炭和电力行业的长期矛盾。两大能源从矛盾关系变成和谐发展关系，通过企业内部交易协调从而解决供需矛盾，整合产业资源，具备很多优势。因此，发展煤电联营提高煤电企业纵向协同度，可以提高煤炭生产企业和燃煤发电企业的整体收益。

（4）推动时间更长的中长期合同签订与履行。2016年以前，我国的煤炭供应合同多为年度合同，2016年以后，多为2至5年的中长期合同，与美国、南非等国家签订10年以上的长期供煤合同相比，签订期限相对较短。在美国，煤炭生产企业和燃煤发电企业大都通过长期供煤协议和煤电纵向一体化方式来规避短期价格风险，其中长期供煤协议约占煤炭产量的80%。近年来，我国在加大中长期合同的推进力度，从合同数量、合约期限等方面提出了明确的考核要求。从实践来看，中长期合同有效稳定了市场价格，促进了市场平稳发展。因此，未来应该继续加大中长期合同的合同数量和合同期限。

（5）制定标准中长期合同和贸易标准。我国目前在煤电能源供应链中长期合同领域，有中长期合同范本，如煤炭中长期购销合同示范文本（2020年版），《电力中长期交易合同示范文本（试行）》，但是属于参考性质，不具备强制执行的统一性和权威性，合同保证机制和违约纠纷机制不健全，导致中长期合同双方机会主义倾向严重，合同法律纠纷较多。可以学习借鉴美国的标准煤炭交易合同经验，供需双方只有签订标准煤炭交易合同才能进行交易。因此，能源管理部门应加快制定标准中长期合同体系和贸易标准，推行具有法律约束力的合同范本，细化争议处理条款，明确违约赔偿措施，可以参照《联合国国际货物销售合同公约》和《国际贸易术语解释通则》结合我国电煤市场实际情况，制定多种类别的中长期标准合同体系，供合同双方根据运输方式、付款条件、质量检验等核心条款进行选择。另外，通过贸易标准对相关条款进行解释说明，明确相关条款的概念。最后，通过制定公约的形式提供多种类型纠纷解决途径，从而减少中长期合同法律纠纷的处理成本。

（6）加大金融创新，提供更多的套期保值避险产品。在动力煤期货的基础上，设计推出动力煤期权，因为期权交易相对期货而言，所需的成本交易成本更低，避险机制更灵活。在电力现货的基础上，结合煤电浮动机制，设计政府授权差价合约，从而为煤电能源市场相关企业提供更多的套期保值避险产品。在德国、日本等煤炭进口量大的国家，通过国际金融市场进行套期保值。中国的大型能源集团也在尝试，但是整体的数量和水平还有待进一步提升。

（7）加强信用体系建设。中长期合同的签订与履行对我国政府解决煤电冲突的成效已经初步彰显，并呈现出中长期合同签订比例上升之态势。从实践看，要使煤炭生产企业和燃煤电厂签订并有效履行中长期合同，首先就必须建立起全程化和动态化的市场监管体系，对中长期合同的签订、履行数据进行采集、建立严格的市场监管体系。同时，要把内部监督与外部监督有机地结合起来，内部监督主要为行业主管部门和行业协会，外部监督包括主要政府之外的第三方征信机构、群众和新闻媒体等。中长期合同签订履行对煤炭生产企业和燃煤电厂信用是一个考验，在过去，经常会发生当煤炭现货价格涨幅较大时，煤炭生产企业延迟交货或者提供低质煤的情况，而当煤炭现货价格跌幅较大时，燃煤电厂也往往以发电量不足为由拒收中长期合同煤等不合理现象。因此，国家煤电能源管理部门应该出台中长期合同信用考核管理办法，强化国有煤炭生产企业、燃煤电厂责任意识，保证煤炭、电力企业严格履行中长期合同就显得尤为重要，这不仅有助于促进煤炭稳定供应，更关系到国家能源安全。

（8）有序放开电价市场。煤电市场冲突的核心是计划电和市场煤的价格冲突，作为上下游企业，煤炭价格的涨跌直接影响火电企业的收益。随着2015年新一轮电力体制改革加速推进，将逐步有序放开电价市场，最终实现电价完全市场化。在电价市场化改革过程中，将使生产成本低、发电效率高燃煤电厂获得竞争优势，在电力交易中获得更多的发电量，获取更大利润。因此，随着煤电市场化改革推进，将使燃煤电厂更加注重降本增效，有利于提高中长期合同签订与履行的主动性，同时将会产生挤出效应，淘汰落后机组，优化高效机组布局。但是，目前进行市场化交易的电量占总发电量的比例还不高，发电富裕地区和紧缺地区的跨区电量交易还有待进一步完善，因此，需要深入推进煤电市场化改革，不断激发市场活力，发挥市场在资源配置过程中的决定性作用。

（9）加强政府治理能力建设。在煤炭和电力领域，存在着"一管就死、一放就乱"现象，随着我国国家现代化治理体系的日趋成熟，对煤炭和电力的管控应该合理应用"看得见手"管住风险，"看不见的手"激发市场活力。一方面，避免出现南非由于垄断而导致的电力企业效率低下能源供给不足的风险；另一方面，避免出现美国完全市场化导致产能过剩无法化解企业大规模破产的风险。对于国外政策分析，要深入研究，吸取其经验和教训。对于国内的政策分析，要大胆进行试点，加强制度自信。在美国，电力市场改革中曾发生过加州电力危机、煤炭产能过剩导致多家大型煤炭集团破产等教训；在澳大利亚，2008年以来，10年间电力价格增长117%，是CPI的4倍。因此，应该吸取国外经验和教训，加强制度自信，走适合中国国情的煤电能源发展道路，运用法治化和市场化相结合手段，加强政府治理能力建设。

3.5　本章小结

本章着重讨论了国内外煤炭与电力协调运行政策分析。首先，对于国内曾经使用的全国煤炭订货会、煤电联动机制、重点合同，现在正在使用的全国煤炭交易会、煤电浮动机制、煤电联营、煤炭中长期合同及煤炭市场化和电力市场化改革等政策进行讨论分析。其次，对于南非、美国、英国、日本、澳大利亚和德国的煤炭与电力协调运行政策进行讨论分析。最后，基于国内外煤炭与电力协调运行政策经验，针对当前政策环境提出建设清洁高效煤电利用体系、构建一元化的能源管理体制、推进煤炭和电力企业横向和纵向资源整合、推动时间更长的中长期合同签订与履行、制定标准中长期合同和贸易标准、加大金融创新提供更多的套期保值避险产品、加强信用体系建设、有序放开电价市场、加强政府治理能力建设的九条启示建议。

第4章 低碳政策下煤电能源供应链协调运行机制模型

4.1 引言

当前，全球面临严峻的环境污染问题，环境污染与经济发展之间的矛盾日益凸显。许多国家和地区都在发展低碳经济，探索低污染物排放情形下的高质量经济发展模式。中国经过多年的努力已取得一定成效。根据生态环境部统计，在中国经济保持中高速增长的前提下，相比与2005年，2018年中国的碳排放强度下降了45.8%，折合为二氧化碳排放量，相当于52.6亿吨。在全球气候治理方面，党的十九大报告指出中国要成为全球生态文明建设的重要参与者、贡献者和引领者，中国从跟随者逐步转变为引领者。由此可见，在应对全球气候变化过程中，中国作为负责任大国，一直采取积极有效的低碳政策进行环境治理。

在低碳政策方面，主要分为技术升级政策和市场交易政策。技术升级政策是通过提高环保和能效技术标准和要求，减少碳排放强度和提高能源效率。以燃煤机组为例，国家通过提高火电行业污染物排放标准和降低供电标准耗煤量，新建或改造超低排放和节能机组，淘汰不达标落后机组，与发达国家相比，我国燃煤电厂的低排放技术与管理水平已处于世界先行列。受边际成本影响，进一步减排的潜力极小，减排的绝对量非常有限。因此，技术升级政策在节能减排方面未来潜力有限。市场交易政策主要是通过建立市场交易机制，减少碳排放。一方面，进行碳排放总量控制，2020年开始在全国范围内火电行业实施的碳排放权交易机制；另一方面，清洁能源替代化石能源，主要为绿色电力证书交易机制。具体来看，分为两种交易，第一种是自愿交易机制，个人和企业自愿购买，2017 年开始实施可再生能源绿色电力证书核发及自愿认购交易制度；第二种是强制交易机制，2020 年开始实施可再生能源电力消纳保障机制。从实践来看，自愿交易机制下绿色电力证书交易量非常少，未来主要寄希望于强制交易机制。

基于上述分析，本章将重点讨论低碳政策中的市场交易政策，考虑碳排放权配额和可再生能源电力消纳量限制下，构建一条含煤炭生产企业、燃煤发电企业和电力用户的煤电能源供应链，分析在非合作和合作两种博弈情形下，对煤电能源供应链收益的影响。最后，基于资金时间价值模型，对绿色电力证书的市场价格区间进行计算，基于蒙特卡洛模型，提出一种基于优惠价格的绿色电力证书交易机制，为电力用户在采购绿色电力证书完成可再生能源电力消纳量时提出一种降低成本的交易建议。

4.2　低碳政策分析

4.2.1　低碳发展目标

为应对全球气候变化，中国作为负责任大国，在国际上，针对减排任务多次作出庄严承诺。

第一次承诺：在 2009 年哥本哈根举办的联合国气候变化大会上，中国政府庄严承诺，到 2020 年，中国单位 GDP 二氧化碳排放将比 2005 年下降40% ~45%，已于 2017 年完成。

第二次承诺：在 2015 年巴黎举办的联合国气候变化大会上，中国政府庄严承诺，到 2030 年，中国单位 GDP 二氧化碳排放将比 2005 年下降60% ~65%，正在部署实施中，已完成部分承诺。

第三次承诺：2020 年 9 月，习近平总书记在第七十五届联合国大会一般性辩论上的讲话中提出，中国将提高国家自主贡献力度，采取更加有力的政策和措施，二氧化碳排放力争于 2030 年前达到峰值，努力争取 2060 年前实现碳中和。图 4 - 1 为中国低碳发展目标。

为了实现低碳发展目标，转变经济发展方式，中国政府出台了一系列法

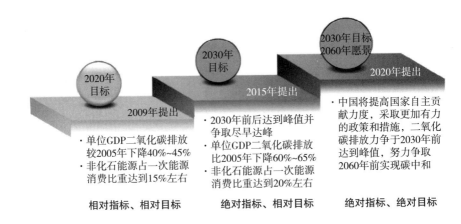

图4-1 中国低碳发展目标

(资料来源：国家电网)

律和政策推动低碳经济发展，如2020年开始实施碳排放权交易机制和可再生能源电力消纳保障机制。

4.2.2 技术升级政策

中国非常重视燃煤发电技术的研发和应用，并制定了明确的时间表和路线图。通过多年努力，技术升级政策呈现出如下特点：

（1）中国超低排放技术和节能技术已处于世界领先水平，继续升级面临技术和成本压力，升级潜力有限。早在2011年我国就颁布了最严格的燃煤发电排放标准，高于国外发电国家的排放标准，经过多年发展，空气主要污染物中烟尘、SO_2、氮氧化物基本实现了燃煤电厂与燃气电厂同等清洁的目标。当前中国超低排放技术和节能技术已处于世界领先水平，排放标准和生产成本接近于燃气发电，已形成全球最大的清洁煤电发电体系。但是，当前技术升级的潜力有限，进一步降低排放面临技术和成本压力较大。

（2）中国超低排放技术和节能技术已大规模推广应用，后期应用空间较小，落后机组受环保标准和环保督查压力，大部分被淘汰，进一步淘汰潜力有限。在应用超低排放技术和节能改造技术改造和新建燃煤机组时，通过各级政府的大力推进和燃煤发电企业认真落实，已于2018年第三季度提前两年完成"十三五"规划设定的目标，在淘汰不达标落后燃煤发电机组方面，在环保标准限制和环保督查制度的大力实施下，大多数落后燃煤发电机组已淘汰出市场，进一步淘汰潜力有限。图 4 - 2 为煤电领域"十三五"规划目标与完成情况对比分析。

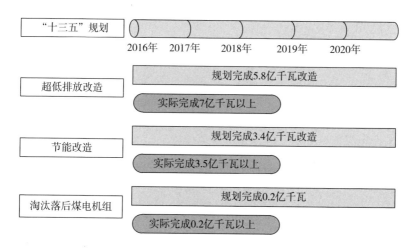

图 4 - 2　煤电领域"十三五"规划目标与完成情况对比分析

（3）技术升级政策在实践中取得良好效果。随着技术的不断升级和环保标准的提高，我国电力行业的常规污染物已经大幅下降。截至 2018 年底，全国火电发电量比未实施超低排放的 2013 年增长 16%，但 2018 年全国火电烟尘、二氧化硫、氮氧化物排放量比 2013 年分别下降了 86%、87%、88%。目前，煤电机组烟尘（颗粒物）排放占全国各类污染源排放总量的比例下降到 3.3%，二氧化硫排放的比例下降到 3.3%，氮氧化物排放的比例下降到 9.1%。煤电行业技术升级政策为常规大气污染物的总量减排作出了重要贡献。

4.2.3　市场交易政策

中国政府非常重视碳排放权交易、可再生能源电力消纳保障机制、绿色电力证书等低碳市场交易政策，并进行了试点实践，经过多年发展，市场交易政策呈现出如下特点：

（1）市场交易政策环境下解决环境污染问题的有效手段。在环境治理领域，为提高治理效果，欧、美等发达国家和地区很早就开始尝试使用市场交易政策解决环境问题。例如最早诞生于荷兰的绿色电力证书交易，诞生于美国的排污权交易。

（2）我国在低碳市场交易政策方面进行过实践探索，积累了一定经验。为解决经济发展与环境治理之间的矛盾，我国在市场交易方面进行了许多方面的尝试，如碳排放权交易试点、绿色电力证书自愿交易市场等。在碳排放控制方面，我国早在 2011 年就开始在多个省份进行试点推广，在碳排放权配额核定和交易方面积累了一定经验。在可再生能源电力消纳方面，我国早在 2017 年就启动绿色电力证书交易，开始自愿交易市场购买尝试，为绿色电力证书核发、价格形成和市场交易积累了经验。

（3）强制交易市场将在全国推行，对煤电能源供应链相关企业有一定影响。2020 年碳排放权交易率先在发电领域形成全国统一碳排放权交易市场。2020 年可再生能源电力消纳保障机制的实施，开启了强制交易市场。低碳政策下碳排放权交易机制和可再生能源电力消纳保障机制对煤电能源供应链中的燃煤发电行业和电力用户具有明显的影响。一方面，增加燃煤发电企业的

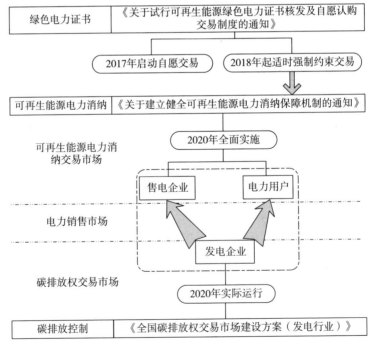

图 4-3　碳排放权交易机制和可再生能源电力消纳保障机制分析

生产成本；另一方面，挤压燃煤发电企业的用户市场。对于碳排放权交易机制，可以升级低排放机组、减少碳排放，或者从碳排放权交易市场购买碳排放权配额。对于可再生能源电力消纳保障机制，承担主体可以通过购买、自建可再生能源电力，或者从市场购买绿色电力证书完成消纳指标。图 4 - 3 分析了碳排放权交易机制和可再生能源电力消纳保障机制。

对于煤电能源供应链相关企业而言，在碳排放权配额和可再生能源电力消纳量等低碳政策限制下将面临多种选择，如何以最低成本获取最大收益，是 2020 年实施碳排放权交易机制和可再生能源电力消纳保障机制后煤电能源供应链相关企业面临的重要问题。

4.3 低碳政策下煤电能源供应链协调运行机制模型构建

4.3.1 低碳政策下煤电能源供应链模型

在由煤炭生产企业、燃煤发电企业和电力用户组成的煤电能源供应链中，政府要求燃煤发电企业每年完成一定量的碳交易权配额，电力用户每年完成一定量的可再生能源电力消纳量。低碳政策下煤电能源供应链如图 4 - 4 所示。

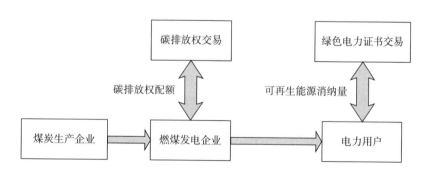

图 4 - 4 低碳政策下煤电能源供应链

燃煤发电企业可以通过减排技术改造减少碳排放量，也可以通过碳排放权交易市场对不足或多余部分进行购买或销售。电力用户可以通过自建可再生能源发电系统发电、消费或者出售可再生能源电力消纳量，也可以通过在绿色电力证书交易市场申请核发绿色电力证书。当自建可再生能源发电量不能完成规定可再生能源电力消纳量时，从绿色电力证书市场购买绿色电力证书完成可再生能源消纳量；当自建可再生能源发电量超过完成规定可再生能源电力消纳量时，对多余部分可以在绿色电力证书市场销售绿色电力证书，进而获得收益。

产品的市场需求为：$p_1 = a - bQ_1$，p_1 为单位煤炭销售价格，a 为产品逆需求函数的截距，b 为产品逆需求函数的斜率。本节符号定义，如表 $4-1$ 所示。

表 4 - 1　　　　　　　　　　　　　　符号定义

符号	定义
U_1	电力用户所生产产品的利润
U_2	燃煤发电企业的利润
U_3	煤炭生产企业的利润
U	煤电能源供应链联合决策利润
Q_1	电力用户所生产产品的产量
Q_2	燃煤发电企业的发电量
Q_3	煤炭生产企业的煤炭量
Z	电力用户自建可再生能源的发电量
c_1	电力用户单位电量的生产成本
c_2	燃煤发电企业单位电量的生产成本
c_3	煤炭生产企业单位煤炭的生产成本
L	电力用户自建可再生能源的成本函数 $L = D + rZ$，其中 D 的固定成本，r 为可成本系数
M	燃煤发电企业减排改造的成本函数 $M = s\eta^2$，其中 η 为单位电量的减排率，$0 \leq \eta \leq 1$，s 为成本系数
p_1	电力用户单位产品的市场价格
p_2	燃煤发电企业单位电量的市场价格
p_3	煤炭生产企业单位煤炭的市场价格
g	单位绿色电力证书的价格
h	单位碳排放权配额的价格
e	燃煤发电企业单位电量的碳排放量

符号	定义
α	电量与产品数量转化系数，即表示生产 1 个产品需要 α 个电量
β	煤炭与电量转化系数，即表示发出 1 个电量需要 β 个煤炭
I	政府给燃煤发电企业分配一定数量的碳排放权配额
K	政府给电力用户分配一定数量的可再生能源电力消纳量

为便于研究，低碳政策下煤电能源供应链协调运行，提出如下假设：

（1）燃煤发电行业已开始严格执行碳排放权交易制度，燃煤发电企业愿意为碳减排付出大量减排技术改造成本；

（2）电力用户已开始严格执行可再生能源电力消纳制度，电力用户愿意为可再生能源电力消纳自建可再生能源发电系统；

（3）政府给燃煤发电企业分配一定数量的碳排放权配额，不足或者多余部分可以在碳排放权交易市场出售或者购买；

（4）政府给电力用户分配一定数量的可再生能源电力消纳额，不足或者多余部分可以在绿色电力证书交易市场出售或者购买；

（5）碳排放的减排成本随减排水平的上升而加速上升；

（6）自建可再生能源发电系统初始固定投资成本高，建成后可变成本系数较低。

本节将探讨煤电能源供应链在非合作和合作两种情形下的博弈模型，得出供应链成员的最优利润，并对两种情形进行比较分析。

4.3.2　煤电能源供应链成员非合作博弈模型

非合作博弈情况下，博弈各方以自身利润最大化为目标，假设该煤电能源供应链是一条需求为导向的供应链，运用 Stackelberg 博弈竞争模型，博弈各方的利润函数分别为：

$$U_1 = (a - bQ_1 - c_1 - \alpha p_2)Q_1 - (D + rZ) + g(Z - I) \qquad 式（4-1）$$

$$U_2 = (p_2 - c_2 - \beta p_3)Q_2 - \frac{1}{2}s\eta^2 + h((1 - \eta)Q_2 e - K) \qquad 式（4-2）$$

$$U_3 = (p_3 - c_3)Q_3 \qquad 式（4-3）$$

由利润最大化一阶条件，对于式（4-1）关于 Q_1 求导，可得：

$$\frac{\partial U_1}{\partial Q_1} = a - bQ_1 - c_1 - \alpha p_2 - bQ_1 = 0 \qquad \text{式（4 - 4）}$$

$$p_2 = \frac{a - c_1}{\alpha} - \frac{2b}{\alpha}Q_1 = \frac{a - c_1}{\alpha} - \frac{2b}{\alpha^2}Q_2 \qquad \text{式（4 - 5）}$$

将式（4-5）带入式（4-2），由利润最大化一阶条件，对式（4-2）关于 Q_2 求导，可得：

$$\frac{\partial U_2}{\partial Q_2} = \frac{a - c_1}{\alpha} - \frac{2b}{\alpha^2}Q_2 - c_2 - \beta p_3 - \frac{2b}{\alpha^2}Q_2 + (1 - \eta)he = 0$$

$$\text{式（4 - 6）}$$

可得，煤炭生产企业单位煤炭的市场价格为：

$$p_3 = \frac{a - c_1 - \alpha[c_2 - (1 - \eta)he]}{\alpha\beta} - \frac{4b}{\alpha^2\beta^2}Q_3 \qquad \text{式（4 - 7）}$$

将式（4-7）带入式（4-3），由利润最大化一阶条件，对式（4-3）关于 Q_3 求导，可得：

$$\frac{\partial U_3}{\partial Q_3} = \frac{a - c_1 - \alpha[c_2 - (1 - \eta)he]}{\alpha\beta} - \frac{8b}{\alpha^2\beta^2}Q_3 - c_3 = 0 \quad \text{式（4 - 8）}$$

$$Q_3 = \frac{\alpha^2\beta^2}{8b}\left\{\frac{a - c_1 - \alpha[c_2 - (1 - \eta)he]}{\alpha\beta} - c_3\right\} \qquad \text{式（4 - 9）}$$

为便于研究设 $X = a - c_1 - \alpha[c_2 - (1 - \eta)he]$，可得，电力用户所生产产品的产量为：

$$Q_1 = \frac{Q_2}{\alpha} = \frac{Q_3}{\alpha\beta} = \frac{\alpha\beta}{8b}\left(\frac{X}{\alpha\beta} - c_3\right) \qquad \text{式（4 - 10）}$$

燃煤发电企业的发电量为：

$$Q_2 = \frac{Q_3}{\beta} = \frac{\alpha^2\beta}{8b}\left(\frac{X}{\alpha\beta} - c_3\right) \qquad \text{式（4 - 11）}$$

煤炭生产企业的煤炭量为：

$$Q_3 = \frac{\alpha^2\beta^2}{8b}\left(\frac{X}{\alpha\beta} - c_3\right) \qquad \text{式（4 - 12）}$$

同理，可得电力用户单位产品的市场价格为：

$$p_1 = a - \frac{\alpha\beta}{8}\left(\frac{X}{\alpha\beta} - c_3\right) \qquad \text{式（4 - 13）}$$

燃煤发电企业单位电量的市场价格为：

$$p_2 = \frac{a - c_1}{\alpha} - \frac{\beta}{4}\left(\frac{X}{\alpha\beta} - c_3\right) \qquad \text{式}(4-14)$$

煤炭生产企业单位煤炭的市场价格为：

$$p_3 = \frac{X}{\alpha\beta} - \frac{1}{2}\left(\frac{X}{\alpha\beta} - c_3\right) \qquad \text{式}(4-15)$$

同理，可得电力用户所生产产品的利润为：

$$
\begin{aligned}
U_1 &= \left(a - \frac{1}{8}X + \frac{\alpha\beta c_3}{8} - c_1 - \alpha\left[\frac{a - c_1}{\alpha} - \frac{1}{4}\frac{X}{\alpha} + \frac{1}{4}\beta c_3\right]\right)\frac{\alpha\beta}{8b}\left(\frac{X}{\alpha\beta} - c_3\right) - \\
&\quad (D + rZ) + g(Z - I) \\
&= (X - \alpha\beta c_3)\frac{\alpha\beta}{64b}\left(\frac{X}{\alpha\beta} - c_3\right) - (D + rZ) + g(Z - I) \\
&= \frac{\alpha^2\beta^2}{64b}\left(\frac{X}{\alpha\beta} - c_3\right)^2 - (D + rZ) + g(Z - I) \qquad \text{式}(4-16)
\end{aligned}
$$

燃煤发电企业的利润为：

$$
\begin{aligned}
U_2 &= \left(\frac{a - c_1}{\alpha} - \frac{1}{4}\frac{X}{\alpha} + \frac{1}{4}\beta c_3 - c_2 - \beta\left[\frac{1}{2}\frac{X}{\alpha\beta} + \frac{1}{2}c_3\right]\right)\frac{\alpha^2\beta}{8b}\left(\frac{X}{\alpha\beta} - c_3\right) - \\
&\quad \frac{1}{2}s\eta^2 + h\left((1 - \eta)\frac{\alpha^2\beta}{8b}\left(\frac{X}{\alpha\beta} - c_3\right)e - K\right) \\
&= \left(\frac{a - c_1}{\alpha} - c_2 - \frac{1}{4}\beta c_3 - \frac{3}{4}\frac{X}{\alpha}\right)\frac{\alpha^2\beta}{8b}\left(\frac{X}{\alpha\beta} - c_3\right) - \\
&\quad \frac{1}{2}s\eta^2 - hK + (1 - \eta)he\frac{\alpha^2\beta}{8b}\left(\frac{X}{\alpha\beta} - c_3\right) \\
&= \left(\frac{a - c_1}{\alpha} - c_2 - \frac{1}{4}\beta c_3 - \frac{3}{4}\frac{X}{\alpha} + (1 - \eta)he\right)\frac{\alpha^2\beta}{8b}\left(\frac{X}{\alpha\beta} - c_3\right) - \frac{1}{2}s\eta^2 - hK \\
&= \left(\frac{a - c_1 - \alpha c_2 + \alpha(1 - \eta)he}{\alpha} - \frac{1}{4}\beta c_3 - \frac{3}{4}\frac{X}{\alpha}\right)\frac{\alpha^2\beta}{8b}\left(\frac{X}{\alpha\beta} - c_3\right) - \frac{1}{2}s\eta^2 - hK \\
&= \left(\frac{X}{\alpha} - \frac{1}{4}\beta c_3 - \frac{3}{4}\frac{X}{\alpha}\right)\frac{\alpha^2\beta}{8b}\left(\frac{X}{\alpha\beta} - c_3\right) - \frac{1}{2}s\eta^2 - hK \\
&= \left(\frac{X}{\alpha\beta} - c_3\right)\frac{\alpha^2\beta^2}{32b}\left(\frac{X}{\alpha\beta} - c_3\right) - \frac{1}{2}s\eta^2 - hK \\
&= \frac{\alpha^2\beta^2}{32b}\left(\frac{X}{\alpha\beta} - c_3\right)^2 - \frac{1}{2}s\eta^2 - hK \qquad \text{式}(4-17)
\end{aligned}
$$

煤炭生产企业的利润为:

$$U_3 = \frac{\alpha^2\beta^2}{16b}\left(\frac{X}{\alpha\beta} - c_3\right)^2 \qquad \text{式}(4-18)$$

由此可得非合作策略下总利润为:

$$U_1 + U_2 + U_3 = \frac{\alpha^2\beta^2}{64b}\left(\frac{X}{\alpha\beta} - c_3\right)^2 - (D + rZ) + g(Z - I) +$$

$$\frac{\alpha^2\beta^2}{32b}\left(\frac{X}{\alpha\beta} - c_3\right)^2 - \frac{1}{2}s\eta^2 - hK + \frac{\alpha^2\beta^2}{16b}\left(\frac{X}{\alpha\beta} - c_3\right)^2$$

$$= \frac{7\alpha^2\beta^2}{64b}\left(\frac{X}{\alpha\beta} - c_3\right)^2 - (D + rZ) + g(Z - I) -$$

$$\frac{1}{2}s\eta^2 - hK \qquad \text{式}(4-19)$$

4.3.3 煤电能源供应链成员合作博弈模型

合作时三者以整体利润最大化为目标,为与非合作博弈进行区分,合作博弈的上标 J 表示煤电能源供应链整体合作供应链,合作供应链的利润函数为:

$$U = (p_1^J - c_1 - \alpha c_2 - \alpha\beta c_3)Q_1^J - (D + rZ) + g(Z - I) -$$

$$\frac{1}{2}s\eta^2 + h((1 - \eta)\alpha Q_1^J e - K) \qquad \text{式}(4-20)$$

由利润最大化一阶条件,对于式(4-20)关于 Q_1^J 求导,可得:

$$\frac{\partial U}{\partial Q_1^J} = a - bQ_1^J - c_1 - \alpha c_2 - \alpha\beta c_3 - bQ_1^J + \alpha(1 - \eta)he = 0$$

$$\text{式}(4-21)$$

可得,电力用户所生产产品的产量为:

$$Q_1^J = \frac{\alpha\beta}{2b}\left(\frac{X}{\alpha\beta} - c_3\right) \qquad \text{式}(4-22)$$

燃煤发电企业的发电量为:

$$Q_2^J = \frac{\alpha^2\beta}{2b}\left(\frac{X}{\alpha\beta} - c_3\right) \qquad \text{式}(4-23)$$

煤炭生产企业的煤炭量为:

$$Q_3^J = \frac{\alpha^2\beta^2}{2b}\left(\frac{X}{\alpha\beta} - c_3\right) \qquad \text{式（4－24）}$$

同理，可得合作供应链的最终单位产品市场价格为：

$$p_1^J = a - \frac{\alpha\beta}{2}\left(\frac{X}{\alpha\beta} - c_3\right) \qquad \text{式（4－25）}$$

同理，可得合作供应链联合利润为：

$$U = \left(a - \frac{\alpha\beta}{2}\left(\frac{X}{\alpha\beta} - c_3\right) - c_1 - \alpha c_2 - \alpha\beta c_3\right)\frac{\alpha\beta}{2b}\left(\frac{X}{\alpha\beta} - c_3\right) -$$

$$(D + rZ) + g(I - Z) - \frac{1}{2}s\eta^2 - hK + (1 - \eta)\alpha\frac{\alpha\beta}{2b}\left(\frac{X}{\alpha\beta} - c_3\right)he$$

$$= \frac{\alpha^2\beta^2}{4b}\left(\frac{X}{\alpha\beta} - c_3\right)^2 - (D + rZ) + g(Z - I) -$$

$$\frac{1}{2}s\eta^2 - hK \qquad \text{式（4－26）}$$

合作决策与非合作决策利润比较：

$$\Delta U = U - (U_1 + U_2 + U_3) = \frac{9\alpha^2\beta^2}{64b}\left(\frac{X}{\alpha\beta} - c_3\right)^2 \geqslant 0 \quad \text{式（4－27）}$$

为激励供应链成员积极公平合作，新增收益采取平均分配方式，分配结果为：

$$U_1^J = \frac{4\alpha^2\beta^2}{64b}\left(\frac{X}{\alpha\beta} - c_3\right)^2 - (D + rZ) + g(Z - I) - \frac{1}{2}s\eta^2 - hK$$

$$\text{式（4－28）}$$

$$U_2^J = \frac{5\alpha^2\beta^2}{64b}\left(\frac{X}{\alpha\beta} - c_3\right)^2 - \frac{1}{2}s\eta^2 - hK \qquad \text{式（4－29）}$$

$$U_3^J = \frac{7\alpha^2\beta^2}{64b}\left(\frac{X}{\alpha\beta} - c_3\right)^2 \qquad \text{式（4－30）}$$

由利润公式可以得出，燃煤发电企业单位电量的市场价格为：

$$p_2 = \frac{a - c_1}{\alpha} - \frac{\beta}{4}\left(\frac{X}{\alpha\beta} - c_3\right) \qquad \text{式（4－31）}$$

煤炭生产企业单位煤炭的市场价格为：

$$p_3 = \frac{7}{32}\left(\frac{X}{\alpha\beta} - c_3\right) + c_3 \qquad \text{式（4－32）}$$

可知，与非合作决策利润相比，合作决策可以提高整条供应链的利润。

合作决策与非合作决策最终产品价格比较：

$$\zeta = \frac{p_1^J}{p_1} = \frac{8a - 4\alpha\beta(X - \alpha\beta c_3)}{8a - \alpha\beta(X - \alpha\beta c_3)} < 1 \qquad 式(4-33)$$

由此可知，与非合作决策价格相比，合作决策可以降低整条供应链的最终产品市场价格。

4.3.4 算例分析

假设存在一条由煤炭生产企业、燃煤发电企业和电力用户组成的煤电能源供应链，电力用户产品市场的逆需求函数为 $p = 500 - 6Q_1$，算例数据如表4-2所示。

表4-2   参数设置

符号	参数
Z	40
c_1	30
c_2	10
c_3	2
D	30
r	0.1
Z	40
s	0.5
η	0.15
g	15.12
h	41.86
e	0.001
α	10
β	0.31
I	80
K	10

分析不同参数对非合作和合作情形下总利润的影响。

（1）碳排放权相关参数影响。从图4-5可以得出，碳排放权配额 I，碳

排放权配额的价格 h 的增加，非合作和合作供应链的总利润显著下降，其中合作供应链总利润高于非合作供应链；随着单位产品的减排率 η 的增加，非合作和合作供应链的总利润显著提高，其中合作供应链总利润高于非合作供应链。

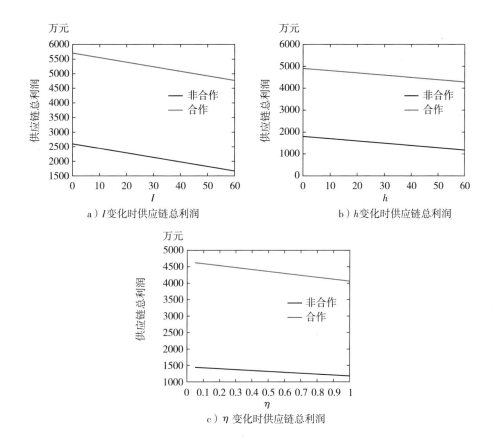

a）I 变化时供应链总利润

b）h 变化时供应链总利润

c）η 变化时供应链总利润

图 4 - 5 碳排放权相关参数对供应链总利润的影响

（2）可再生能源电力消纳相关参数影响。从图 4 - 6 可以得出，随着可再生能源电力消纳量 K，绿色电力证书的价格 g，自建可再生能源的固定成本 D，自建可再生能源可变成本系数 r 的增加，非合作和合作供应链的总利润显著下降，其中合作供应链总利润高于非合作供应链；随着自建可再生能源的发电量 Z 的增加，非合作和合作供应链的总利润显著提高，其中合作供应链总利润高于非合作供应链。

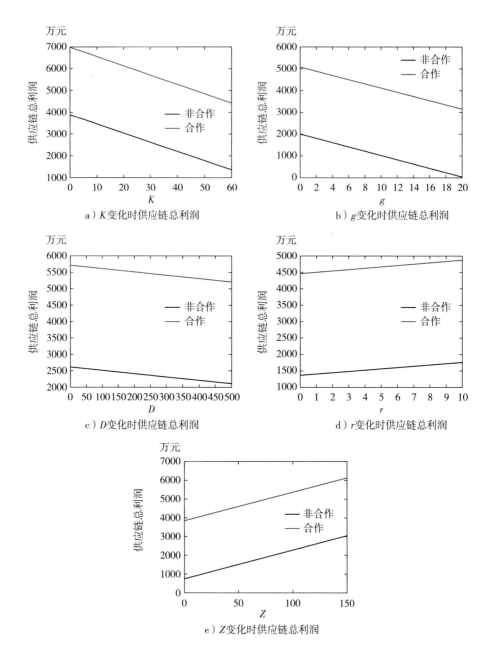

a）K变化时供应链总利润

b）g变化时供应链总利润

c）D变化时供应链总利润

d）r变化时供应链总利润

e）Z变化时供应链总利润

图4－6　可再生能源电力消纳相关参数对供应链总利润的影响

4.4　绿色电力证书交易机制优化模型

4.4.1　绿色电力证书定价模型

绿色电力证书分为风电绿色电力证书和光伏绿色电力证书，在绿色电力证书交易市场中，不同类型的绿色电力证书的价格不同，符号定义如表 4 – 3 所示。

表 4 – 3　　　　　　　　　　　　符号定义

符号	定义
i	绿色电力证书类型，$i = \{w, pv\}$，w 为风电绿色电力证书，pv 为光伏绿色电力证书
p_i^{max}	绿色电力证书的市场最高价格
p_i^{min}	绿色电力证书的市场最低价格
s_i	上网标杆电价
c	脱硫燃煤机组标杆电价
r_i	行业折现率
h_i	可再生能源补贴结算周期
d_i	可再生能源不同延期支付周期
Z	绿色电力证书数量
Q	可再生能源电力消纳量
n	绿色电力证书合格供应商数量
m	具有优惠价格出售绿色电力证书的合格供应商数量
G	认购数量
c_H	认购价格
c_L	优惠价格
α	优惠比例
t	认购数量的分配份数
g	每份中绿色电力证书的数量
E_i	绿色电力证书成交价格
j	成交组合
p_j	成交组合价格
k_j	成交组合的频数
k	模拟次数

按照绿色电力证书限价规定，市场最高限制价格为：

$$p_i^{\max} = 1000(s_i - c) \qquad 式(4-34)$$

基于资金现金价值模型，绿色电力证书的市场最低经济销售价格为：

$$p_i^{\min} = \frac{1000(s_i - c)}{(1 + r_i)^{(h_i + d_i)}} \qquad 式(4-35)$$

可再生能源电力消纳量与绿色电力证书数量的关系为：

$$Q = \frac{Z}{1000} \qquad 式(4-36)$$

4.4.2　考虑优惠价格的绿色电力证书交易模型

在绿色电力证书交易市场中，假设市场中的企业都是理性人，市场最高限制价格和最低经济售价为公开信息，所有绿色电力证书持有企业都了解。同时市场中企业存在两种类型，第一种类型为资金充裕，期望以最高市场限制价格出售；第二种类型为资金紧张，期望快速回笼资金，适当高于最低经济售价就会选择卖出绿色电力证书，回笼资金。在上述情形下，考虑优惠价格的绿色电力证书交易模型交易规则如下：

（1）采购方发布采购公告。采购公告中包含采购数量、采购价格和优化价格等信息。市场中存在 n 家合格供应商，其中 m 家为了快速回笼资金，期望低价出售，但要高于市场最低经济销售价格。本节设定的优惠价格高于最低经济出售价格低于最高限制价格，优惠比例为：

$$\alpha = \frac{c_L}{c_H} = \frac{c_L}{p_w^{\max}} \qquad 式(4-37)$$

为引入竞争，每个供应商申卖数量为：

$$g = \frac{G}{t} = \frac{2G}{m} \qquad 式(4-38)$$

（2）交易撮合与结算。供应商在交易时间内随机选择决定是否参与交易，当供应商报价个数达到 m 个时，按照价格优先和时间优先原则公布交易结果，若在规定时间内未达到规定数量时，则交易失败，重新交易。交易成功后，在国家绿色电力证书交易平台进行费用和证书交易结算和转移。

利用蒙特卡罗随机模拟绿色电力证书交易过程，基于概率理论，绿色电

力证书的成交价格模型为:

$$E_i = \sum_{j=0}^{m} p_j \frac{k_j}{k} \qquad\qquad 式(4-39)$$

4.4.3 算例分析

以蒙西电网某大型用电企业为例,该企业为完成 800 万千瓦时的可再生能源电力消纳量,拟从该区域内 2016 年新建的可再生能源电力企业中购买绿色电力证书。参数设置如表 4-4 所示。

表 4-4　　　　　　　　　　　　参数设置

符号	参数
s_w	0.47 元/千瓦时
s_{pv}	0.8 元/千瓦时
c	0.2937 元/千瓦时
r_w	8%
r_{pv}	7%
h_i	0.4 年
d_i	1.6 年

计算可得,风电绿色电力证书的最高市场价格和最低市场经济出售价格分别为 $p_w^{max} = 176.3$ 元/个 , $p_w^{min} = 151.1$ 元/个。光伏绿色电力证书的最高市场价格和最低市场经济出售价格分别为 $p_{pv}^{max} = 506.3$ 元/个 , $p_{pv}^{min} = 422.2$ 元/个。通过比较可以得出,风电绿色电力证书价格低于光伏绿色电力证书,因此,该企业应该优先购买风电绿色电力证书。由式(4-36)可以得出,该企业需要购买的绿色电力证书个数为 $Q = 8000$ 个。

采购企业在最低经济出售价格的基础上,确定一个略高于市场最低经济价格的优惠价格。在上述基础上,该用电企业发布采购公告如表 4-5 所示。

表 4-5　　　　　　　　　　　　采购公告

项目	要求
采购类型	风电
采购数量	8000 个

续表

项目	要求
申卖数量	2000 个
采购价格	176.3 元/个
优惠价格	152.1 元/个
优惠比例	86%
市场最低价格	151.1 元/个

在交易中，假定 16 家风电企业满足认购公告要求，其中 8 家愿意优惠价出售回笼资金，其余期望高价出售，可能成交组合见表 4 - 6。

表 4 - 6　　　　　　　　　　　成交组合

编号	高价方		低价方		成交价/
	价格/（元/个）	数量/个	价格/（元/个）	数量/个	（元/个）
0	176.3	0	152.1	8	152.1
1	176.3	1	152.1	7	152.1
2	176.3	2	152.1	6	152.1
3	176.3	3	152.1	5	152.1
4	176.3	4	152.1	4	152.1
5	176.3	5	152.1	3	158.2
6	176.3	6	152.1	2	164.2
7	176.3	7	152.1	1	170.3
8	176.3	8	152.1	0	176.3

由概率论可知，风电绿色电力证书的理论成交价格为 154.4 元/个。

运用 Matlab 进行蒙特卡罗模拟，模拟次数从 1000 增加到 10000，成交价格变化情况如图 4 - 7 所示。

从图 4 - 7 中可以看出，在不同模拟次数下的模拟成交价格围绕理论成交价格上下波动，且非常接近理论成交价格，可见成交价格具有较好的稳定性。

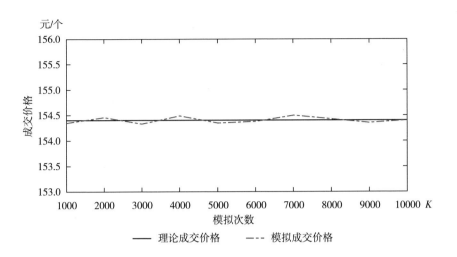

图 4 – 7　模拟次数对风电绿色电力证书成交价格的影响

4.5　本章小结

　　本章重点研究受碳排放权配额和可再生能源电力消纳量限制下的煤电能源供应链协调运行机制，构建一条含煤炭生产企业、燃煤发电企业和电力用户的煤电能源供应链，采用非合作博弈和合作博弈理论，分析煤电能源供应链总利润和最终产品价格。首先，本章介绍了低碳政策，对技术升级政策和市场交易政策进行分析，为开展低碳政策下煤电能源供应链协调运行机制研究奠定了理论基础。然后，构建了考虑碳排放权配额和可再生能源电力消纳量限制的煤电能源供应链模型，分析了非合作和合作博弈两种情形下煤电能源供应链企业利润、价格和销售量的变化，得出煤电能源供应链总利润合作博弈情形大于非合作情形、最终产品价格合作情形低于非合作情形的结论。最后，得出绿色电力证书的合理价格区间，建立了考虑优惠价格的绿色电力证书交易模型为电力用户节约成本。分析表明，该模型应用可以有效缓解我国目前的可再生能源补贴缺口，对可再生能源电力消纳配额制的目标完成也有积极作用。

第5章　去产能政策下煤电能源
供应链协调运行机制模型

5.1　引言

随着我国经济发展进入新常态，经济增速处于中低速水平，煤炭和煤电行业需求放缓，煤炭产量和电力发电量增速也面临着中低速增长，过去爆发式产能增加，形成了煤炭和电力行业严重的产能过剩问题。在煤电能源领域，当前面临严重的供给侧结构性失衡问题，传统的需求刺激政策已经难以解决结构性的失衡问题，供给侧结构性改革由此应运而生。2015年，习近平总书记首次提出供给侧结构性改革，从生产端入手，通过改革体制机制来调整产业和产品结构，以更好地满足社会需求。随后，2016年和2017年煤炭、煤电去产能政策相继出台，煤炭和煤电领域供给侧结构性改革开始实施。从图5-1中可以看出，2016年煤炭产量为负增长，这是供给侧结构性改革中去产能的政策效果体现。2018年延续了这一重要政策，2019年中央经济工作会议提出"坚持以供给侧结构性改革为主线"。如何破解煤电冲突难题，成为政府和学者关注的热点。

在去产能研究方面，目前主要集中在以下三个方面：一是去产能政策效果，这方面多是基于上市公司数据，利用财务和审计手段，研究去产能前后对上市公司收益的影响。二是去产能影响研究，如能源安全、生态环境、员工安置等方面。三是去产能政策研究，主要集中在去产能省区分配和经验总结两个方面。当前研究中，关于现有煤炭和煤电去产能政策下去产能指标、产能补贴对市场影响的研究，以及关于如何由政府强制去产能向市场主体自主去产能的研究都比较少见。

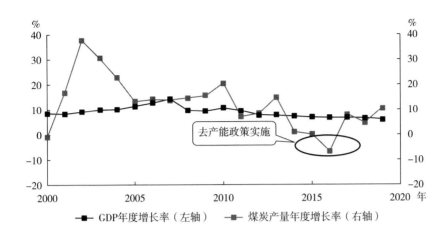

图 5-1　中国 GDP 年度增长率与煤炭产量年度增长率变化

基于上述分析，本章将以煤炭市场为例，考虑去产能指标和产能补贴对煤炭市场竞争力的影响，进而说明去产能政策对煤炭行业脱困的重要性。同时，为研究市场主体自主去产能的影响因素，构建一条由多家煤炭生产企业、多家燃煤发电企业和多家煤电联营企业组合而成的混合煤电能源供应链，分析不同参数对去产能率的影响，从而为政府制定相关政策提供建议。

5.2　去产能政策分析

5.2.1　去产能政策

中国加入世界贸易组织以来，经济迅速发展，煤炭需求旺盛，2002—2012 年被称为煤炭行业黄金十年。2013 年以后，经济发展进入新常态，煤炭产能过剩现象严重，煤炭价格低迷，煤炭行业陷入发展困难阶段。煤电行业产能过剩，主要原因是 2014 年火电站核准权下放地方，各地新增火电机组爆发式增长。随着 2015 年供给侧结构性改革方针的确立，去产能作为一项重要的供给侧结构性改革措施，在煤炭和煤电领域开始实施。

在初始阶段，煤炭去产能政策和煤电去产能政策在执行时间和去产能规模上不一致。由于煤炭去产能政策的执行时间较早，煤炭价格快速上涨。高企的煤炭价格导致煤炭中长期合同价格条款谈判难度大，分歧较多。以2018年度的中长期合同基准价谈判为例，最终采用的2017年中长期合同价格，根据《关于推进2018年煤炭中长期合同签订履行工作的通知》，基准价由双方根据市场供需情况协商确定，对协商不能达成一致意见的，仍按不高于2017年度水平执行。由此可见，2018年度的中长期合同基准价经过多次谈判双方不能达成统一意见，目前的基准价是按照国家发展改革委文件确定的。

2018年和2019年，煤炭去产能政策和煤电去产能政策以统一文件发布，

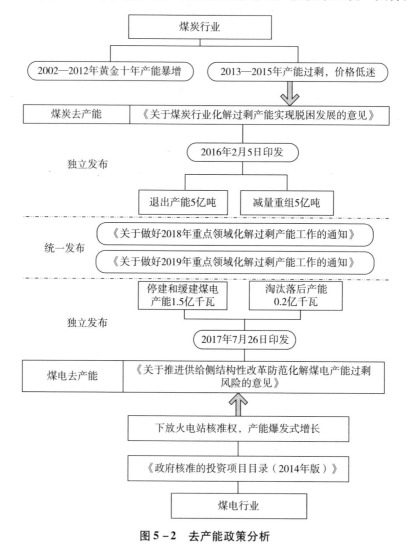

图5-2 去产能政策分析

加上钢铁去产能政策统称为重点领域化解产能过剩工作的通知。通过政策制定和规划层面的协调，结合近期煤炭价格形势，可以发现，在联合发布通知后，煤炭价格的波动幅度远小于独立发布的 2016 年和 2017 年。因此，在煤电政策制定时，要充分考虑上下游关系，加强政策制定的协调性。图 5 - 2 为去产能政策分析图。

5.2.2　煤炭去产能进展

目前，煤炭行业去产能呈现出如下特点：

一是煤炭去产能规划目标已完成。在煤炭去产能方面，经过 2016—2018 年连续三年的持续推进，已提前完成 8 亿吨的煤炭去产能任务（见图 5 - 3）。

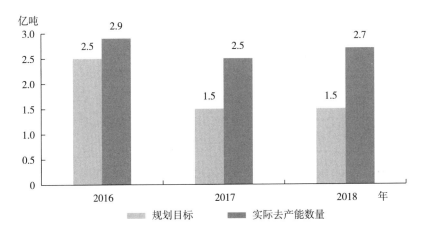

图 5 - 3　2016—2018 年煤炭去产能规模

二是剩余落后产能影响有限。煤炭行业经历了三年的供给侧结构性改革，落后产能已经基本得到化解、煤炭价格回归正常，剩余产能的退出对煤炭行业供给影响非常有限。

三是供给侧结构性改革现已进入先进产能释放阶段。从 2019 年核准批复的百万吨及以上规模煤矿数量和产能规模来看，先进产能释放进度在加快，2019 年核准数量同比增长 135%，批复产能规模同比增长 182%。上述数据可以看出，供给侧结构性改革改变了市场供需结构，先进产能开始有序释放。

四是供给侧结构性改革扭转了行业供需格局，供需格局由盈余趋于紧张，受进口量影响，又呈现出盈余格局。2019 年供给侧结构性改革政策转向加速先进产能释放新阶段，煤炭供给增加，同时下游需求温和增长，行业供需格局变得宽松，2019 年全国原煤达到 38.5 亿吨，原煤需求为 39.3 亿吨，进口量为 3.0 亿吨，出口为 630 万吨，测算得 2019 年动力煤盈余为 2.16 亿吨（见图5-4），由此可见，进口的增长导致煤炭供应趋于宽松。

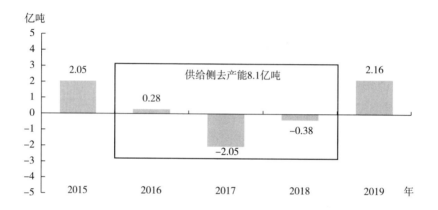

图 5-4　2015—2019 年动力煤供给差额计算

5.2.3　煤电去产能进展

目前煤电行业去产能呈现出如下特点：

一是煤电去产能规划目标已完成。按照规划，煤电去产能 2000 万千瓦，根据能源局公布数据，2019 年底已完成去产能 2000 万千瓦以上。根据国家统计局、国家能源局、中国电力企业联合会等政府部门和行业组织公布数据，对近年来数据进行分类整理，2016—2019 年煤电淘汰落后产能下达任务指标及完成情况如表 5-1 所示。

表 5-1　　2016—2019 年煤电淘汰落后产能任务及完成情况

时间段	数量/万千瓦
2016 年	491.8
2017 年	472.125
2018 年	1190.64

续表

时间段	数量/万千瓦
2019 年	866.4
2016—2016 年合计下达	3020.965
截至 2019 年实际完成	2000 以上
"十三五"目标	2000

二是火电利用小时开始反弹。自煤电去产能启动以来，火电装机新增容量一定程度上得到控制，存量机组的淘汰工作也有所推进，从而促进了火电利用小时回升，2017 年、2018 年都有所增长，2019 年同比有所回落，如图 5－5 所示。

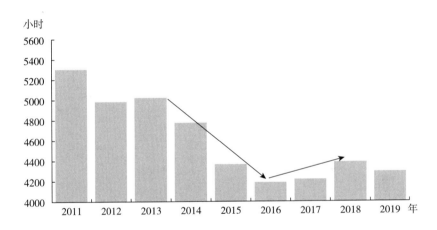

图 5－5　全国火电利用小时

5.2.4　煤炭和煤电去产能政策协调分析

从上述分析可以看出，煤炭去产能极大改善了煤炭生产企业的经营业绩，但是对于下游燃煤发电行业带来极大的影响。作为煤炭的主要消费领域，电力和煤炭存在互补关系，这决定了在实施去产能政策时需要协调进行，避免出现供应紧张、煤炭价格过高等现象。2016 年下半年开始，在国家供给侧结构性改革的背景下，煤炭行业率先加入了淘汰过剩和淘汰落后产能的大军中，在供给相对吃紧、需求相对充足的情况下，煤炭价格开始进入上行通道,电力企业经营困难,火电板块已经陷入全面亏损状态,2017年五大发电集团煤电板块亏损402亿元,亏损面达60%左右。

煤炭和煤电是典型的互补品,由于电价市场化改革滞后,在2020年之前,燃煤发电施行固定的上网标杆电价,受到2016年以前煤炭价格低迷和煤电项目审批权下放的影响,煤电产能面临严重过剩。从图5-6可以看出:煤炭去产能之前,煤炭价格低,煤电成本低,煤电企业利润高;煤炭去产能之后,当煤炭产量Q_1^C减少到Q_2^C时,煤炭价格由p_1^C上涨到p_2^C,而实际煤电价格是一条平行于X轴的直线,随着煤炭价格的上涨,而煤电价格不变的情形,煤电企业利润低甚至亏损。如果煤电价格是一条有上下限的价格曲线,市场在一定的区间内可以实现价格和产量自动调节;如果未来完全放开电价市场,那么市场将在更大的区间内实现价格和产量自动调节。

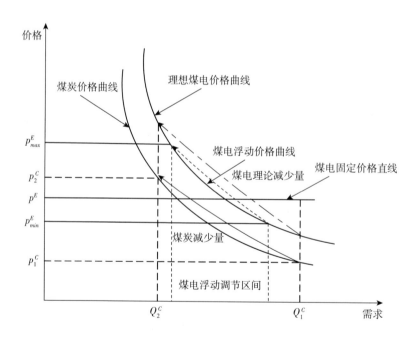

图5-6 煤炭与煤电互补关系分析

为了稳定煤炭价格和保障煤炭供应,国家采取的措施如下:

一是由独立去产能转变为联合去产能。从2018年开始,原来的煤炭和煤电独立去产能转变为联合去产能,从《关于做好2018年重点领域化解过剩产能工作的通知》和《关于做好 2019 年重点领域化解过剩产能工作的通知》两个通知中可以看出，煤炭、煤电和钢铁三个重点领域的去产能任务以一个文件下达，从而在政策层面的协调加强，保障煤炭的稳定供应和煤电的良性发展。

二是有序放开燃煤电价市场，平抑煤炭价格异常波动。从 2020 年开始，燃煤上网电价施行煤电浮动机制。煤电浮动机制为先进机组提供了竞争优势，落后机组将被淘汰；同时对煤炭价格进行监测，采用法治化和市场化手段平抑煤炭价格异常波动。

三是准确把握去产能和稳供应的关系，在供应大于需求的环境下，坚定落实去产能政策，在局部或短时期供应紧张时，释放优势产能，适当增加供应。图 5-7 为去产能与稳供应关系分析。

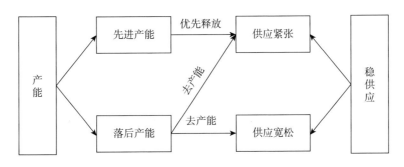

图 5-7　去产能与稳供应关系分析

5.3　去产能政策下煤炭市场竞争力模型构建

5.3.1　煤炭市场模型

在煤炭市场中，存在着多种类型的煤炭生产企业，其生产决策受到市场价格、生产成本等多种因素影响。对煤炭企业的调研表明，我们在研究过程中需要考虑如下因素：

一是产能约束。煤炭生产企业是以营利为目的经过审批的生产企业，企业生产有最大产能和最小产能限制。

二是去产能指标约束。在去产能实施过程中，为企业生产设定了明确的去产能指标，需要按照指标约束进行生产。

三是补贴约束。在煤炭企业生产过程中，经过实地调研发现，在企业生产过程中涉及技术升级、节能改造和产能置换等多种补贴形式，有些是定额补贴，有些是定量补贴，为便于研究，设置含定额补贴和定量补贴的产能补贴函数对实际情况进行模拟。

在研究去产能政策下煤炭市场竞争力模型中，符号定义如表5-2所示。

表5-2   符号定义

符号	定义
p	煤炭市场价格
γ, θ	逆需求函数的截距和斜率
i	煤炭生产企业
q_i	煤炭生产企业的产量
N	煤炭生产企业个数
$C(q_i)$	煤炭生产企业的成本
a_i, b_i, c_i	煤炭生产企业的成本系数
$S(q_i)$	煤炭生产企业的补贴
d_i	煤炭生产企业的单位产能的补贴系数
e_i	煤炭生产企业的定额补贴
$q_{i,min}$	煤炭生产企业的最小产能
$q_{i,max}$	煤炭生产企业的最大产能
β_i	煤炭生产企业的去产能指标
ρ_i	煤炭生产企业的生产配额指标
T	不同类型市场竞争模型
IC_t	市场竞争力

煤炭市场逆需求函数为：

$$p = \gamma - \theta \sum_{i=1}^{N} q_i \qquad \text{式(5-1)}$$

成本函数为：

$$C(q_i) = \frac{1}{2} a_i q_i^2 + b_i q_i + c_i \qquad \text{式(5-2)}$$

补贴分为产能补贴和定额补贴两种，补贴函数示为：

$$S(q_i) = d_i q_i + e_i \qquad 式(5-3)$$

利润函数为：

$$\max f(q_i) = \left(\gamma - \theta \sum_{i=1}^{n} q_i\right) q_i - \left(\frac{1}{2} a_i q_i^2 + b_i q_i + c_i\right) + (d_i q_i + e_i)$$

$$式(5-4)$$

产能约束为：

$$q_{i,\min} \leqslant q_i \leqslant q_{i,\max} \qquad 式(5-5)$$

去产能指标约束为：

$$q_i \leqslant (1 - \beta_i) q_{i,\max} \qquad 式(5-6)$$

受产能约束的煤炭企业产量函数为：

$$q_i = \begin{cases} q_{i,\min} & (q_i > q_{i,\max}) \\ q_i & (q_{i,\min} \leqslant q_i \leqslant q_{i,\max}) \\ q_{i,\max} & (q_i < q_{i,\min}) \end{cases} \qquad 式(5-7)$$

未超过产能约束的企业的市场需求函数为：

$$p = \gamma - \theta \sum_{i=1}^{L} q_i - \theta\left(\sum_{i=L+1}^{M} q_{i,\min} + \sum_{i=M+1}^{N} q_{i,\max}\right) \qquad 式(5-8)$$

其中：$[1, L]$ 为未超过产能约束的企业数；$[L+1, M]$，$[M+1, N]$ 分别为超过产能约束下限和上限的煤炭生产企业数。

5.3.2 不同煤炭市场竞争模型下市场均衡价格

在完全竞争市场模型情形下，市场中仅存在接受者，煤炭市场均衡价格为：

$$p_{PC} = \frac{\gamma + \sum_{i=1}^{N} \dfrac{\theta(b_i - d_i)}{a_i}}{1 + \sum_{i=1}^{N} \dfrac{\theta}{a_i}} \qquad 式(5-9)$$

在 Cournot 市场模型情形下，市场中仅存在领导者，煤炭市场均衡价格为：

$$p_{Cn} = \frac{\gamma + \sum\limits_{i=1}^{N} \dfrac{(b_i - d_i)}{\theta + a_i}}{1 + \sum\limits_{i=1}^{N} \dfrac{\theta}{a_i}} \qquad 式(5-10)$$

在 Stackelberg 市场模型情形下，市场中存在领导者和跟随者，煤炭市场均衡价格为：

$$p_{Sb} = \frac{\dfrac{\gamma + \sum\limits_{j=M+1}^{N} \dfrac{\theta(b_j - d_j)}{\theta + a_j}}{1 + \sum\limits_{j=M+1}^{N} \dfrac{\theta}{\theta + a_j}} + \sum\limits_{i=1}^{M} \dfrac{\dfrac{\theta}{1 + \sum\limits_{j=M+1}^{N} \dfrac{\theta}{\theta + a_j}}(b_i - d_i)}{\dfrac{\theta}{1 + \sum\limits_{j=M+1}^{N} \dfrac{\theta}{\theta + a_j}} + a_i}}{1 + \sum\limits_{i=1}^{M} \dfrac{\dfrac{\theta}{1 + \sum\limits_{j=M+1}^{N} \dfrac{\theta}{\theta + a_j}}}{\dfrac{\theta}{1 + \sum\limits_{j=M+1}^{N} \dfrac{\theta}{\theta + a_j}} + a_i}}$$

$$式(5-11)$$

在 Forchheimer 市场模型情形下，市场中存在领导者和接受者，煤炭市场均衡价格为：

$$p_{Fh} = \frac{\dfrac{\gamma + \sum\limits_{j=M+1}^{N} \dfrac{\theta(b_j - d_j)}{a_j}}{1 + \sum\limits_{j=M+1}^{N} \dfrac{\theta}{a_j}} + \sum\limits_{i=1}^{M} \dfrac{\dfrac{\theta}{1 + \sum\limits_{j=M+1}^{N} \dfrac{\theta}{a_j}}(b_i - d_i)}{\dfrac{\theta}{1 + \sum\limits_{j=M+1}^{N} \dfrac{\theta}{a_j}} + a_i}}{1 + \sum\limits_{i=1}^{M} \dfrac{\dfrac{\theta}{1 + \sum\limits_{j=M+1}^{N} \dfrac{\theta}{a_j}}}{\dfrac{\theta}{1 + \sum\limits_{j=M+1}^{N} \dfrac{\theta}{a_j}} + a_i}}$$

$$式(5-12)$$

在 Forchheimer – Stackelberg 混合市场模型情形下，市场中存在领导者、跟随者和接受者，煤炭均衡价格为：

$$p_{FS} = \frac{\xi + \psi}{\zeta} \qquad \text{式}(5-13)$$

其中：

$$\xi = \frac{\dfrac{\gamma + \sum\limits_{k=M+1}^{N} \dfrac{\theta(b_k - d_k)}{a_k}}{1 + \sum\limits_{k=M+1}^{N} \dfrac{\theta}{a_k}} + \sum\limits_{j=L+1}^{M} \dfrac{\dfrac{\theta}{1 + \sum\limits_{k=M+1}^{N} \dfrac{\theta}{a_k}}(b_j - d_j)}{\dfrac{\theta}{1 + \sum\limits_{k=M+1}^{N} \dfrac{\theta}{a_k}} + a_j}}{1 + \sum\limits_{j=L+1}^{M} \dfrac{\dfrac{\theta}{1 + \sum\limits_{k=M+1}^{N} \dfrac{\theta}{a_k}}}{\dfrac{\theta}{1 + \sum\limits_{k=M+1}^{N} \dfrac{\theta}{a_k}} + a_j}} \qquad \text{式}(5-14)$$

$$\psi = \sum\limits_{m=1}^{L} \frac{\dfrac{\dfrac{\theta}{1 + \sum\limits_{k=M+1}^{N} \dfrac{\theta}{a_k}}}{1 + \sum\limits_{j=L+1}^{M} \dfrac{\dfrac{\theta}{1 + \sum\limits_{k=M+1}^{N} \dfrac{\theta}{a_k}}}{\dfrac{\theta}{1 + \sum\limits_{k=M+1}^{N} \dfrac{\theta}{a_k}} + a_j}}(b_m - d_m)}{\dfrac{\dfrac{\theta}{1 + \sum\limits_{k=M+1}^{N} \dfrac{\theta}{a_k}}}{1 + \sum\limits_{j=L+1}^{M} \dfrac{\theta}{1 + \sum\limits_{k=M+1}^{N} \dfrac{\theta}{a_k}} \dfrac{1 + \sum\limits_{k=M+1}^{N} \dfrac{\theta}{a_k}}{\dfrac{\theta}{1 + \sum\limits_{k=M+1}^{N} \dfrac{\theta}{a_k}} + a_j}} + a_m} \qquad \text{式}(5-15)$$

$$\zeta = 1 + \sum_{m=1}^{L} \cfrac{\cfrac{\theta}{1 + \sum\limits_{k=M+1}^{N} \cfrac{\theta}{a_k}}}{\cfrac{\theta}{1 + \sum\limits_{k=M+1}^{N} \cfrac{\theta}{a_k}} + a_m} \cdot \cfrac{1 + \sum\limits_{j=L+1}^{M} \cfrac{1 + \sum\limits_{k=M+1}^{N} \cfrac{\theta}{a_k}}{\cfrac{\theta}{1 + \sum\limits_{k=M+1}^{N} \cfrac{\theta}{a_k}} + a_j}}{1 + \sum\limits_{j=L+1}^{M} \cfrac{1 + \sum\limits_{k=M+1}^{N} \cfrac{\theta}{a_k}}{\cfrac{\theta}{1 + \sum\limits_{k=M+1}^{N} \cfrac{\theta}{a_k}} + a_j}} \qquad \text{式}(5-16)$$

在联盟合作市场模型情形下，各自的产能配额指标及配额约束可表示为：

$$\rho_i = \frac{q_i}{\sum\limits_{i=1}^{N} q_i} \qquad \text{式}(5-17)$$

$$\sum_{i=1}^{N} \rho_i = 1 \qquad \text{式}(5-18)$$

为追求整体利润最大化。即：

$$\max f\left(\sum_{i=1}^{n} q_i\right) = \left(\gamma - \theta \sum_{i=1}^{n} q_i\right) \sum_{i=1}^{n} q_i - \sum_{i=1}^{n} \left(\frac{1}{2} a_i q_i^2 + b_i q_i + c_i\right) + \sum_{i=1}^{n} (d_i q_i + e_i)$$

$$\text{式}(5-19)$$

可得：

$$\sum_{i=1}^{n} q_i = \frac{\gamma - \sum\limits_{i=1}^{n} \rho_i (b_i - d_i)}{2\theta + \sum\limits_{i=1}^{n} \rho_i^2 a_i} \qquad \text{式}(5-20)$$

煤炭均衡价格为：

$$p_{AL} = \gamma - \theta \frac{\gamma - \sum_{i=1}^{n} \rho_i (b_i - d_i)}{2\theta + \sum_{i=1}^{n} \rho_i^2 a_i} \qquad \text{式}(5-21)$$

5.3.3 煤炭市场竞争力模型

以煤炭市场价格最大值为基准价格,市场竞争力模型为:

$$\text{IC}_t = \frac{p_t}{\max(p_t)} \times 100\% \qquad \text{式}(5-22)$$

其中:$t = \{PC, Cn, Sb, Fh, FS, AC\}$,$PC$ 表示完全竞争市场,Cn 表示 Cournot 市场,Sb 表示 Stackelberg 市场,Fh 表示 Forchheimer,FS 表示 Forchheimer – Stackelberg 市场,AC 表示联盟合作市场。

5.3.4 算例分析

以 12 家煤炭生产企业参与的煤炭市场为例,进行算例分析。煤炭市场逆需求曲线为 $p = \gamma - \theta \sum_{i=1}^{N} q_i = 900 - 0.03 \sum_{i=1}^{N} q_i$,相关参数见表 5-3。

表 5-3　　　　　　　　　　煤炭生产企业系数

企业	A	B	c	d	e	$q_{\min}$	$q_{\max}$	β	ρ
1	0.06	12	15	3	6	80	4000	5%	0.15
2	0.05	11	13	3	6	100	5000	5%	0.15
3	0.21	12	11	3	6	40	2000	5%	0.10
4	0.20	10	12	3	6	40	2000	5%	0.10
5	0.85	8	11	3	6	20	1000	5%	0.05
6	0.75	7	10	3	6	20	1000	5%	0.05
7	0.12	16	11	3	6	50	2500	5%	0.10
8	0.10	15	10	3	6	60	3000	5%	0.10
9	0.31	12	6	3	4	18	950	5%	0.05
10	0.32	14	7	3	4	18	900	5%	0.05
11	0.33	13	8	3	4	16	800	5%	0.05
12	0.35	15	9	3	4	16	800	5%	0.05

考虑去产能指标与产能补贴的不同市场模型模拟煤炭行业市场的均衡结果,如图 5-8 所示。

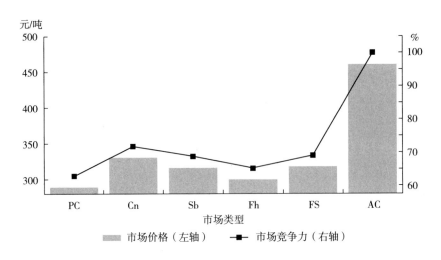

图5-8 考虑去产能指标与产能补贴的不同市场模型竞争力

在6种模型中，联盟合作市场模型的市场价格最高为460.19元/吨，以此为基准价格，计算竞争力。由此可见，完全竞争模型下市场竞争力最低，联盟合作模型下市场竞争力最高。是否考虑去产能政策对市场价格的影响，如图5-9所示。

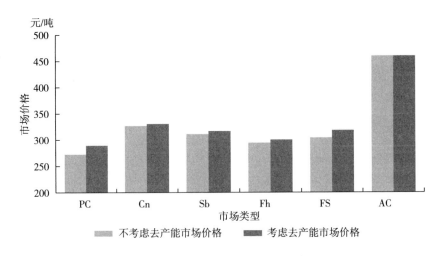

图5-9 去产能政策对市场价格影响分析

从图5-9可以看出，除联盟合作市场模型外，其他模型的市场价格都有所提升，这是由于去产能指标小于最优产能，当去产能指标增加10%时，联盟合作市场模型的价格将提升 9%。

由上述分析可知，对于煤炭市场而言，去产能政策可以提高煤炭价格，促进行业健康发展。同时要避免两种情形：一种为企业数量过多的完全竞争市场，会导致价格过低，供应过剩；另一种为联盟合作的合谋情形，会导致价格过高，供应紧张。

5.4　去产能政策下煤电能源供应链协调运行机制模型构建

5.4.1　去产能数量计算模型

在某区域内，假设存在一条由多个煤炭生产企业、多个燃煤发电企业和多个煤电联营企业组成的多类型企业煤电能源供应链，如图 5 - 10 所示。

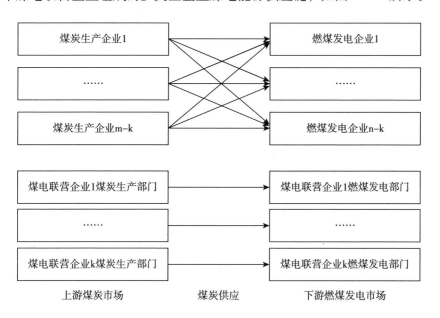

图 5 - 10　含多类型企业煤电能源供应链

假定有一条煤电能源供应链，存在 k 家煤电联营企业、m - k 家独营上游煤炭生产企业和 n - k 家独营下游燃煤发电企业，$k \geq 0$，$m \geq 2$，$n \geq 2$。为便于研究，假设 m 家上游煤炭生产企业的产量和成本均相同；n 家下游燃煤发电企业的产量和成本也均相同。为便于研究，符号定义如表5-4所示。

表5-4 符号定义

符号	定义
C	上游煤炭生产企业
E	下游燃煤发电企业
V	煤电联营企业
Z^C	煤炭总产量
Z^E	燃煤发电装机容量
Q^C	电煤总产量
Q^E	燃煤发电总发电量
Y^C	煤炭去产能数量
Y^E	燃煤发电去产能数量
ρ	电煤占煤炭总产量的比例
ψ	火电利用小时数
m	上游煤炭生产企业数量
n	下游燃煤发电企业数量
k	上下游组成煤电联营企业数量
F^C	上游煤炭生产企业的固定成本
d	边际生产成本
ω	煤炭产品卖给下游燃煤发电企业的价格
F^E	游燃煤发电企业的固定生产成本
g	下游燃煤发电企业的生产成本
ε	单位耗煤量
λ	运输损耗
β	煤电转化系数

对于煤炭行业而言，去产能数量为：

$$Y^C = Z^C - \frac{Q^C}{\rho} \qquad \qquad 式(5-23)$$

对于燃煤发电行业而言，去产能数量为：

$$Y^E = Z^E - \psi Q^E \qquad \qquad 式(5-24)$$

5.4.2   煤电能源供应链协调去产能模型

煤电联营企业的煤炭产量和燃煤发电量分别为 q_t^{VC}, q_t^{VE}, 总产量为 $Q^{VC} = kq_t^{VC}$, $Q^{VE} = kq_t^{VE}$, 其中 $t = 1, 2, \cdots, k$; 独营上游煤炭生产企业产量为 q_i^{UC}, 总产量为 $Q^{UC} = (m - k)q_i^{UC}$, 其中 $i = k + 1, k + 2, \cdots, m$; 独营下游燃煤发电企业发电量为 q_j^{DE}, 总产量 $Q^{DE} = (n - k)q_j^{DE}$, 其中 $j = k + 1, k + 2, \cdots, n$。

假设市场上所有参与者按照均衡价格进行销售和购买, 并且各个市场完全出清, 则有 $Q^C = \beta Q^E$, $Q^E = Q^{VE} + Q^{DE}$, 其中 β 为单位煤炭的标准发电量, $\beta = \dfrac{\varepsilon}{1 - \lambda}$。

下游燃煤发电企业电力产品的逆需求函数为:

$$p = r - sQ = r - s(Q^{VE} + Q^{DE}) \qquad 式(5 - 25)$$

其中 $r > 0$, $s > 0$, p 和 Q 分别为下游发电市场电力产品的价格和需求。

煤电联营企业和独营下游燃煤发电企业以发电量为决策变量进行 Cournot 竞争, 煤电联营企业和独营下游燃煤发电企业利润函数分别为:

$$\xi_t^{VE} = [r - s(Q^{VE} + Q^{DE}) - g - \beta d]q_t^{VE} - F^C - F^E \qquad 式(5 - 26)$$

$$\xi_j^{DE} = [r - s(Q^{VE} + Q^{DE}) - g - \beta w]q_j^{DE} - F^E \qquad 式(5 - 27)$$

根据利润最大化一阶条件, 分别对式 (5 - 26)、式 (5 - 27) 求利润最大化关于产量的一阶条件为:

$$\frac{\partial \xi_t^{VE}}{\partial q_t^{VE}} = r - s(Q^{VE} + Q^{DE}) - g - \beta d - sq_t^{VE} = 0 \qquad 式(5 - 28)$$

$$\frac{\partial \xi_j^{DE}}{\partial q_j^{DE}} = r - s(Q^{VE} + Q^{DE}) - g - \beta w - sq_j^{DE} = 0 \qquad 式(5 - 29)$$

可解得煤电联营企业发电量、独营下游燃煤发电企业发电量的函数为:

$$q_t^{VE} = \frac{Q^{VE}}{k} = \frac{1}{s(n + 1)}(r - \beta d - g) + \beta \frac{n - k}{s(n + 1)}(\omega - d)$$

$$式(5 - 30)$$

$$q_j^{DE} = \frac{Q^{DE}}{n - k} = \frac{1}{s(n + 1)}(r - \beta \omega - g) - \beta \frac{k}{s(n + 1)}(\omega - d)$$

$$式(5 - 31)$$

可得煤炭产品的市场销售价格为：

$$\omega = \frac{1}{\beta(k+1)}\Big[(r-g+k\beta d) - s\frac{(n+1)(m-k)}{\beta(n-k)}q_i^{UC}\Big]$$

式（5－32）

独营上游煤炭生产企业的利润函数为：

$$\xi_i^{UC} = (\omega - d)q_i^{UC} - F^C$$

式（5－33）

可得独营上游煤炭生产企业的利润函数为：

$$\xi_i^{UC} = \frac{1}{\beta(k+1)}\Big[(r-\beta d-g) - s\frac{(n+1)(m-k)}{\beta(n-k)}q_i^{UC}\Big]q_i^{UC} - F^C$$

式（5－34）

根据利润最大化一阶条件，可解得单个独营上游煤炭生产企业产煤量为：

$$q_i^{UC} = \frac{\beta(n-k)}{s(m-k+1)(n+1)}(r-\beta d-g)$$

式（5－35）

联立可解得独营单个下游燃煤发电企业发电量为：

$$q_j^{DE} = \frac{m-k}{s(m-k+1)(n+1)}(r-\beta d-g)$$

式（5－36）

可解得煤炭产品的价格为：

$$\omega = d + \frac{1}{\beta(k+1)(m-k+1)}(r-\beta d-g)$$

式（5－37）

可解得煤电联营下游发电企业的发电量为：

$$q_i^{VE} = \frac{1}{s(n+1)}\Big[1 + \frac{n-k}{(k+1)(m-k+1)}\Big](r-\beta d-g)$$

式（5－38）

可解得最终电力产品的总发电量为：

$$Q^E = \frac{1}{s(n+1)}\Big[n - \frac{n-k}{(k+1)(m-k+1)}\Big](r-\beta d-g)$$

式（5－39）

可解得最终煤炭产品的总产量为：

$$Q^C = \beta\frac{1}{s(n+1)}\Big[n - \frac{n-k}{(k+1)(m-k+1)}\Big](r-\beta d-g)$$

式（5－40）

相应可解得煤电联营企业、独营上游煤炭生产企业、独营下游燃煤发电企业的利润，分别为：

$$\xi_t^V = \frac{1}{s(n+1)^2}\left[1 + \frac{n-k}{(k+1)(m-k+1)}\right]^2(r-\beta d - g)^2 - F^C - F^E$$

式(5-41)

$$\xi_i^{UC} = \frac{n-k}{s(n+1)(k+1)(m-k+1)^2}(r-\beta d - g)^2 - F^C$$

式(5-42)

$$\xi_j^{UE} = \frac{1}{s}\left[\frac{m-k}{(n+1)(m-k+1)}\right]^2(r-\beta d - g)^2 - F^E \quad 式(5-43)$$

对于煤炭行业而言，去产能数量为：

$$Y^C = Z^C - \beta\frac{1}{\rho s(n+1)}\left[n - \frac{n-k}{(k+1)(m-k+1)}\right](r-\beta d - g)$$

式(5-44)

去产能率为：

$$\mu^C = \frac{Y^C}{Z^C} \qquad\qquad 式(5-45)$$

对于燃煤发电行业而言，去产能数量为：

$$Y^E = Z^E - \psi\frac{1}{s(n+1)}\left[n - \frac{n-k}{(k+1)(m-k+1)}\right](r-\beta d - g)$$

式(5-46)

去产能率为：

$$\mu^E = \frac{Y^E}{Z^E} \qquad\qquad 式(5-47)$$

5.4.3　算例分析

假设存在由多个煤炭生产企业、燃煤发电企业和煤电联营企业组成的煤电能源供应链，电力市场的逆需求函数为 $p = 15 - 0.3Q^E$，实验数据如表 5-5 所示。

表 5-5　　　　　　　　　　　　　　参数设置

符号	参数
Z^C	35

93

符号	参数
Z^E	210
ρ	0.5
ψ	4
n	40
m	100
k	10
d	0.02
g	0.03
ε	0.31
λ	0.1

（1）市场结构变化对去产能率的影响。从图 5-11 可知，随着上游煤炭生产企业数量 m，下游燃煤发电企业数量 n，煤电联营企业数量 k 的增加，煤炭去产能率和煤电去产能率在减少。因此，要提高煤炭去产能率和煤电去

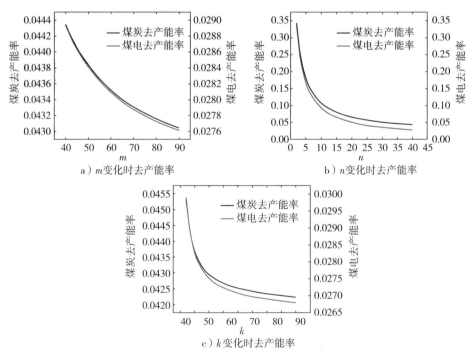

a）m变化时去产能率

b）n变化时去产能率

c）k变化时去产能率

图 5-11　市场结构相关参数对去产能率的影响

产能率，需要减少上游煤生产企业数量 m，下游燃煤发电企业数量 n，煤电联营企业数量 k 的数量。由此可得，采取有效措施进行纵向或横向兼并重组，减少煤电能源供应链中相关企业数量，提高行业集中度，有利于减少产出。

（2）煤炭市场相关参数对去产能率的影响。从图 5 - 12 可知，电煤占煤炭总产量的比例 ρ 的增加，煤炭去产能率在增加，增加到一定数值时趋势放缓，但对煤电去产能率无影响；上游煤生产企业的边际生产成本 d 的增加，有利于煤炭去产能率与煤电去产能率的提升；运输损耗 λ 的减少，提高了煤炭去产能率，降低了煤电去产能率。对于煤炭去产能率，随着电煤占煤炭总产量的比例 ρ，上游煤生产企业的边际生产成本 d 的增加，运输损耗 λ 的减少，煤炭去产能率在增加。对于煤电去产能率，上游煤生产企业的边际生产成本 d，运输损耗 λ 的增加，煤电去产能率在增加。因此，为提高煤炭去产能率，在煤炭市场中应该提高电煤消费比重，促使企业采取先进环保、

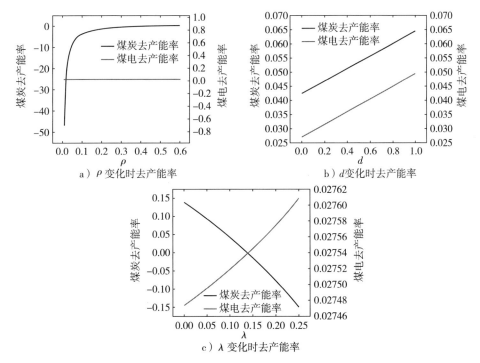

a）ρ 变化时去产能率

b）d 变化时去产能率

c）λ 变化时去产能率

图 5 - 12　煤炭市场相关参数对去产能率的影响

安全工艺技术等安全投入，增加煤炭生产成本，同时降低运输损耗。同时，煤炭市场中单位生产成本的增加，有利于煤电去产能的开展。

（3）煤电市场相关参数对去产能率的影响。从图 5-13 可知，火电利用小时数 ψ 的增加，煤电去产能率在降低，对煤炭去产能率无影响；下游燃煤发电企业的生产成本 g 的增加，有利于煤炭去产能率和煤电去产能率的提升；单位耗煤量 ε 的降低，提高了煤炭去产能率，降低了煤电去产能率。从煤电去产能率来看，随着电力市场中火电利用小时数 ψ 的减少，下游燃煤发电企业的生产成本 g 和单位耗煤量 ε 的增加，煤电去产能率在增加。从煤炭去产能率来看，随着下游燃煤发电企业的生产成本 g 的增加，单位耗煤量 ε 的减少，煤炭去产能率在增加。因此，为提高煤电去产能率，在电力市场中应该降低电火电利用小时数，促使企业采取先进环保、安全工艺技术等安全投入，增加火电生产成本。同时，电力市场中单位生产成本的增加，单位耗煤量的减少，有利于煤炭去产能的开展。

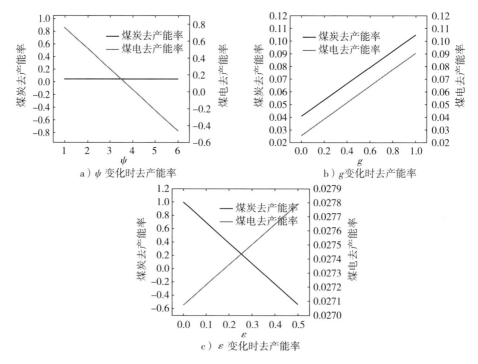

a）ψ 变化时去产能率

b）g 变化时去产能率

c）ε 变化时去产能率

图 5-13　电力市场相关参数对去产能率的影响

5.5　本章小结

本章对去产能政策下煤电能源供应链协同运行进行了分析，主要研究在去产能政策下，政府如何通过合理的政策设计实现去产能目标，并提高企业经营收益。首先，对煤炭和煤电去产能市场环境和政策环境进行了综述分析，并针对当前存在的问题提出了相关应对策略；然后，构建了 6 种市场竞争模型来模拟煤炭市场，给出了考虑去产能指标与产能补贴的不同市场模型竞争力计算模型，并通过算例分析，得出去产能指标与产能补贴对煤炭市场有显著影响；最后，构建煤电能源供应链协调运行机制模型，对煤炭和电力企业去产能率进行测算，分析市场结构参数，煤炭市场参数和煤电市场参数对去产能率的影响。结果表明，政府可以通过多种间接调控手段促进煤电能源供应链相关企业自主去产能。

第6章 煤电联营政策下煤电能源供应链协调运行机制模型

6.1 引言

煤电联营是缓解我国煤炭、电力两个行业近年来存在的煤电冲突问题的重要手段。推进煤电联营是保障国家能源安全、实现煤炭和电力行业协调运行和转型升级的主要路径。大量的小型煤矿和小型燃煤发电厂退出市场，一方面是安全和环保的投入不足，导致安全事故和污染物超标排放严重；另一方面是小型企业的大量无序供给，导致市场产能严重过剩，增加了经济运行风险。为此，国家和地方先后出台一系列配套政策和标准，小型煤矿和小型燃煤发电厂逐步退出煤炭和电力市场，为大型煤电企业进行煤电联营提供了良好的市场空间和政策环境。

煤电能源供应链方面的研究最早可追溯到 1978 年，但是国内学者 2000 年以后才开始对煤电能源供应链管理进行研究。在对煤电能源供应链研究过程中，不少学者从定性的角度出发。在供应链纵向关系治理研究方面，一些学者对纵向一体化和纵向分离混合进行了研究，指出在市场中存在纵向一体化和纵向分离共存现象，但对于市场条件的分析不够深入，仅以举例的形式给出部分范围内的市场条件，未归纳总结提炼出可以大范围应用的市场条件模型。同时，一些学者将纵向一体化和纵向分离模型在大型客机、制造行业进行了应用探索。综上可知，国内外学者对煤电能源供应链、供应链纵向关系治理进行了较充分、全面的研究，但目前将煤电能源供应链与纵向关系治理结合起来研究的较少。

在上述背景下，本章着重研究了煤电联营政策下煤电能源供应链协调运行机制问题。首先，燃煤发电对煤电联营市场和政策进行分析。其次，在含多个煤炭生产企业、燃煤发电企业和煤电联营企业的复杂煤电能源供应链中，分析出煤电联营决策的市场条件。再次，基于市场竞争理论对煤电能源供应链纵向独立决策和纵向一体化决策进行建模，计算新增收益，并对新增收益进行分配。最后，基于演化博弈模型，构建地方政府和能源企业博弈矩阵，从而确定各主体不同情形下实施煤电能源供应链纵向一体化项目的最佳策略，为推进煤电联营提出政策建议。

6.2　煤电联营政策分析

6.2.1　煤电市场分析

煤电能源供应链具有典型的纵向供应链特征。在上游煤炭市场，2018年，国内原煤产量超亿吨以上煤炭生产企业为七家，这七大煤炭集团产量合计约 14.05 亿吨，占全国原煤产量（36.80 亿吨）的 38.18%，随着煤炭产业集中度的提升，上游煤炭市场为多家煤炭生产企业进行的寡头垄断竞争。表 6 - 1 为中国主要煤炭公司产量。

表 6 - 1　　　　　　　　　　中国主要煤炭公司产量

煤炭公司	产量/亿吨
国家能源集团	5.12
中煤集团	1.90
兖矿集团	1.61
陕煤集团	1.6
山东能源集团	1.45
同煤集团	1.37
山西焦煤集团	1.00
七大公司合计	14.05
全国煤炭行业企业	36.80
产业集中度	38.18%

在下游燃煤发电市场，以 2018 年，国内五大电力集团发电量合计约

3.26 万亿千瓦时，占全国发电量（3.26 万亿千瓦时）的 48.06%；装机容量合计约 8.42 亿万千瓦，占全国发电量（19 亿千瓦时）的 44.34%（见表 6 - 2），其中燃煤发电量约占 73%，下游电力市场中主要为燃煤发电市场，在燃煤发电市场中多家燃煤发电企业利用上游煤炭进行发电。表 6 - 2 为中国主要发电公司发电量和装机容量。

表 6 - 2 　　　　　　　中国主要发电公司发电量和装机容量

发电公司	发电量/万亿千瓦时	装机容量/亿千瓦
国家能源集团	0.95	2.39
华能集团	0.70	1.77
华电集团	0.56	1.48
大唐集团	0.55	1.39
国家电投集团	0.50	1.40
五大公司合计	3.26	8.42
全国电力行业企业	6.79	19.00
产业集中度	48.06%	44.34%

煤电能源供应链市场结构是由煤电能源政策、煤电能源供应链特点和市场规律所决定的。上游煤炭生产企业进行安全高效煤炭生产，下游燃煤发电企业依赖上游煤炭通过燃煤发电设备生产最终电力产品，在国家去产能政策下，上游煤炭生产企业数量减少，因此上游煤炭生产企业处于前向联营的优势地位。例如，2019 年 12 月，中煤能源以 18.09 亿元的价格收购国投电力持有的五家火电厂股权。从实践来看，煤炭生产企业在纵向联营方向积极性较高，燃煤发电企业在煤炭方面投资比例不大，在新一轮电力改革中，很多燃煤发电企业开始向上游煤炭行业和下游售电市场拓展。

6.2.2　煤电联营政策分析

煤电联营在历史上有过多次尝试，1989 年，我国第一个国务院批准的煤电一体化项目——伊敏煤电公司成立。我国煤电联营政策发展经历三个阶段：2016 年，国家正式以专门文件《关于发展煤电联营的指导意见》推动煤电联营，这是国家首次以政策形式明确了煤电联营的重要意义；2018 年，《关于深入推进煤电联营促进产业升级的补充通知》发布；2019 年，《关于加大政策支持力度进一步推进煤电联营工作的通知》发布。从目前公布的数据可以看出，在煤电联营过程中，煤炭行业的积极性高于燃煤发电行业。图6-1为煤电联营政策发展历程。

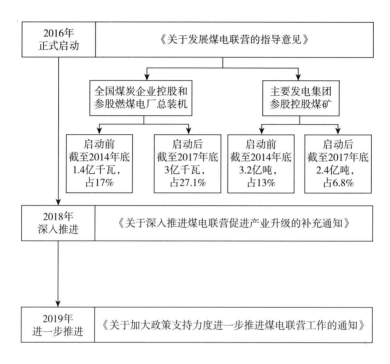

图6-1　煤电联营政策发展历程

6.2.3　煤电联营效果分析

6.2.3.1　煤电联营的实现形式

从目前来看，煤电联营的实现形式主要分为三种：纵向一体化，交叉持股和合并重组（见图6-2）。在上述三种形式中，在增量上，国家重点推进纵向一体化；在存量上，国家鼓励多种模式。

6.2.3.2　交叉持股形式效果分析

以淮南矿业集团为例，该集团在煤炭和电力领域投资较多，是交叉持股型煤电联营企业的典型代表。根据国家发展改革委、国家能源局《关于公布国家第一批煤电联营重点推进项目的通知》（发改办能源〔2019〕676号），

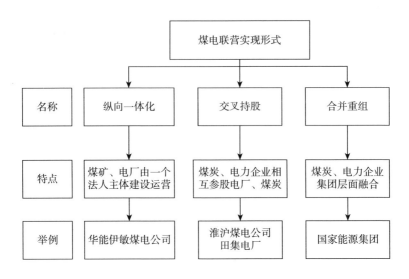

图 6 - 2　煤电联营实现形式

淮沪煤电田集电厂和淮浙煤电凤台电厂成功获批入选 15 个全国第一批煤电联营项目。结合该集团相关报道，通过煤电联营对企业的好处主要如下：

一是稳定煤炭销售量。据统计，2008—2018 年，淮南矿业集团下属煤炭生产企业向集团参股、控股 25 家燃煤发电企业供应煤炭 2550 万吨，占燃煤发电企业采购量的 50% 左右。由此可见，通过在煤电领域投资，可以确保一定的煤炭销售量。

二是稳定煤炭销售价格。与其他煤炭销售客户相比，在销售价格方面，集团参股、控股 25 家燃煤发电企业采购煤炭的销售价格波动幅度远小于其他客户，价格稳定，未出现异常波动。

三是稳定企业经营收益。在企业经营收益方面，电力市场好的时候，通过参股电厂集团公司可以获得电力收益；煤炭市场差的时候，股权电厂能购买集团公司的煤炭，减轻销售压力，对冲风险。

6.2.3.3　合并重组形式效果分析

为进一步说明煤电联营对煤炭和电力企业稳定经营的重要性，以煤炭为主的上市公司陕西煤业和燃煤发电为主的上市公司华能国际为例，对两家上市公司进行虚拟重组集团实现煤电联营。考虑到数据的可得性，分析近十年每年年底公司公告的净利润数据，虚拟重组前后比较可以发现如下特点：

一是虚拟重组后净利润变化幅度小于虚拟重组前各公司的变化幅度。从平均值来看，虚拟重组集团后净利润 6.88% 的变化幅度，远小于陕西煤业 28.25% 的变化幅度和华能国际 27.00% 的变化幅度。

二是虚拟重组后企业经营收益变动区间小于虚拟重组前各公司的变化区间。从变动区间极差来看，虚拟重组集团后的极差为 67.31 亿元，远小于陕西煤业的 139.81 亿元和华能国际的 125.18 亿元。

由此可见，通过煤电联营可以有效地保障煤电企业的经营稳定。表 6 - 3 为 2009—2018 年陕西煤业和华能国际及虚拟重组集团净利润数据。

表 6 - 3　2009—2018 年陕西煤业和华能国际及虚拟重组集团净利润数据

报告日期	陕西煤业		华能国际		虚拟重组集团	
	净利润/亿元	变化幅度/%	净利润/亿元	变化幅度/%	净利润/亿元	变化幅度/%
2009 - 12 - 31	21.94	—	50.81	—	72.75	—
2010 - 12 - 31	54.70	149.27	35.44	- 30.24	90.14	23.90
2011 - 12 - 31	90.74	65.90	12.68	- 64.22	103.42	14.74
2012 - 12 - 31	64.17	- 29.28	58.69	362.74	122.85	18.79
2013 - 12 - 31	34.86	- 45.67	105.20	79.26	140.06	14.01
2014 - 12 - 31	9.51	- 72.71	105.46	0.24	114.97	- 17.91
2015 - 12 - 31	- 29.89	- 414.09	137.86	30.73	107.98	- 6.09
2016 - 12 - 31	27.55	- 192.18	88.14	- 36.06	115.69	7.15
2017 - 12 - 31	104.49	279.30	17.93	- 79.66	122.43	5.82
2018 - 12 - 31	109.93	5.20	14.39	- 19.76	124.32	1.55
平均幅度	48.80	28.25	62.66	27.00	111.46	6.88
最大值	109.93	279.30	137.86	362.74	140.06	23.90
最小值	- 29.89	- 414.09	12.68	- 79.66	72.75	- 17.91
极差	139.81	693.39	125.18	442.39	67.31	41.81

综上分析，交叉持股形式和合并重组形式都可以有效保障煤电企业的稳定运行。在三种模式中，纵向一体化处于同一法人主体，协调运用更为顺畅，在统筹燃料运输、煤矿疏干水复用、低热值煤就地消纳等方面更容易发展产业协同优势。因此，本章在后续将以煤电能源供应链纵向一体化为重点分析煤电联营政策。

6.3 煤电能源供应链纵向决策机制模型构建

6.3.1 煤电联营纵向决策模型

假定存在一条煤电能源供应链，包括多家上游煤炭企业、多家下游燃煤发电企业和多家煤电联营企业组成，上游煤炭企业向下游燃煤发电企业供应煤炭，$n \geq 2$，$m \geq 2$。本节符号定义如表 6 - 4 所示。

表 6 - 4 符号定义

符号	定义
C	上游煤炭生产企业
E	下游燃煤发电企业
V	上下游煤电联营企业
n	上游煤炭生产企业数量
m	下游燃煤发电企业数量
k	上下游煤电联营企业数量
F_C	上游煤炭生产企业的固定生产成本
d	上游煤炭生产企业的边际生产成本
F_E	下游燃煤发电企业的固定生产成本
g	下游燃煤发电企业的边际生产成本
ω	上游煤炭市场的煤炭销售价格
Q	总产量
i	某个上游煤炭生产企业
j	某个下游燃煤发电企业
t	某个上下游煤电联营企业
β	单位煤炭的标准发电量
p	电力价格
q	单个企业的产量
ξ	单个企业的利润
Δξ	煤电联营与煤电独营企业利润差

为便于研究，本书假设如下：

（1）n 家上游煤炭企业的产量和成本均相同。

（2）m 家下游燃煤发电企业的产量和成本也均相同。

（3）其中 k 家上游煤炭企业与下游燃煤发电企业联营，则煤电能源供应链中存在 k 家煤电联营企业，m - k 家独营上游煤炭企业和 n - k 家独营下游燃煤发电企业，$k \geqslant 0$。

（4）假设市场上所有参与者按照均衡价格进行销售和购买，并且各个市场完全出清。

煤电联营企业产量为 q_t^V，总产量为 $Q^V = kq_t^V$，其中 $t = 1, 2, \cdots, k$；独营上游煤炭企业产量为 q_i^C，总产量为 $Q^C = (n - k) q_i^C$，其中 $i = 1, 2, \cdots, n$；独营下游燃煤发电企业发电量为 q_j^E，总发电量为 $Q^E = (m - k) q_j^E$，其中 $j = k + 1, k + 2, \cdots, k + m$。由于市场完成出清，则有 $Q^C = \beta Q^E$，$Q = Q^V + Q^E$。

下游燃煤发电企业电力产品的逆需求函数为：

$$p = r - sQ = r - s(Q^V + Q^E) \qquad 式（6 - 1）$$

其中 $r > 0$，$s > 0$，p 和 Q 分别为下游发电市场电力产品的价格和需求。

煤电联营企业和独营下游燃煤发电企业以发电量为决策变量进行 Cournot 竞争，煤电联营企业和独营下游燃煤发电企业利润函数分别为：

$$\xi_t^V = [r - s(Q^V + Q^E) - g - \beta d]q_t^V - F^C - F^E \qquad 式（6 - 2）$$

$$\xi_j^E = [r - s(Q^V + Q^E) - g - \beta w]q_j^E - F^E \qquad 式（6 - 3）$$

根据利润最大化一阶条件，可解得煤电联营企业发电量、独营下游燃煤发电企业发电量的函数为：

$$q_t^V = \frac{Q^V}{k} = \frac{1}{s(m + 1)}(r - \beta d - g) + \beta \frac{m - k}{s(m + 1)}(\omega - d)$$

$$式（6 - 4）$$

$$q_j^E = \frac{Q^E}{m - k} = \frac{1}{s(m + 1)}(r - \beta \omega - g) - \beta \frac{k}{s(m + 1)}(\omega - d)$$

$$式（6 - 5）$$

将 $Q^C = \beta Q^E$ 代入式（6 - 5），解得煤炭产品的市场销售价格为：

$$\omega = \frac{1}{\beta(k + 1)}\left[(r - g + k\beta) - s\frac{(m + 1)(n - k)}{\beta(m - k)}q_i^C\right] \qquad 式（6 - 6）$$

独营上游煤炭企业的利润函数为：

$$\xi_i^C = (\omega - d)q_i^C - F^C \qquad \text{式}(6-7)$$

将式（6-6）代入式（6-7），可得独营上游煤炭企业的利润函数为：

$$\xi_i^C = \frac{1}{\beta(k+1)}\Big[(r - \beta d - g) - s\frac{(m+1)(n-k)}{\beta(m-k)}q_i^C\Big]q_i^C - F^C$$

$$\text{式}(6-8)$$

根据利润最大化一阶条件，可解得单个独营上游煤炭企业产煤量为：

$$q_i^C = \frac{\beta(m-k)}{s(n-k+1)(m+1)}(r - \beta d - g) \qquad \text{式}(6-9)$$

联立 $Q^C = \beta Q^E$，式（6-5）、式（6-9），可解得独营单个下游燃煤发电企业发电量为：

$$q_j^E = \frac{n-k}{s(n-k+1)(m+1)}(r - \beta d - g) \qquad \text{式}(6-10)$$

将式（6-10）代入式（6-5），可解得煤炭产品的价格为：

$$\omega = d + \frac{1}{\beta(k+1)(n-k+1)}(r - \beta d - g) \qquad \text{式}(6-11)$$

将式（6-11）代入式（6-4），可解得煤电联营上游煤炭企业产煤量为：

$$q_t^V = \frac{1}{s(m+1)}\Big[1 + \frac{m-k}{(k+1)(n-k+1)}\Big](r - \beta d - g)$$

$$\text{式}(6-12)$$

联立式（6-2）、式（6-3）、式（6-10）和式（6-12），可解得最终电力产品的总发电量为：

$$Q = \frac{1}{s(m+1)}\Big[m - \frac{m-k}{(k+1)(n-k+1)}\Big](r - \beta d - g)$$

$$\text{式}(6-13)$$

相应可解得煤电联营企业、独营上游煤炭企业、独营下游燃煤发电企业的利润，分别为：

$$\xi_t^V = \frac{1}{s(m+1)^2}\Big[1 + \frac{m-k}{(k+1)(n-k+1)}\Big]^2(r - \beta d - g)^2 - F^C - F^E$$

$$\text{式}(6-14)$$

$$\xi_i^C = \frac{m-k}{s(m+1)(k+1)(n-k+1)^2}(r-\beta d-g)^2 - F^C$$

式(6-15)

$$\xi_j^E = \frac{1}{s}\left[\frac{n-k}{(m+1)(n-k+1)}\right]^2(r-\beta d-g)^2 - F^E \quad \text{式}(6-16)$$

6.3.2 煤电联营均衡分析

当煤电联营后的利润大于煤电独营上下游企业的联合利润时，煤电企业会选择煤电联营。在煤电能源供应链中，假定处于竞争优势的企业决定是否联营，当 $m \geqslant n \geqslant 2$，下游燃煤发电企业依赖于上游煤炭企业，则上游煤炭企业决定是否联营下游燃煤发电企业，而下游燃煤发电企业决定是否接受联营；当 $n \geqslant m \geqslant 2$，上游煤炭企业依赖于下游燃煤发电企业，则下游燃煤发电企业决定是否联营上游煤炭企业，而上游煤炭企业决定是否接受联营。煤电联营决策模型可用公式表示为：

$$\Delta\xi = \xi_t^V - (\xi_i^C + \xi_j^E) = \frac{-k^2+(2n-m-1)k+2n-1}{s(m+1)(k+1)^2(n-k+1)}(r-\beta d-g)^2$$

式(6-17)

根据假设条件可知，$\dfrac{(r-\beta d-g)^2}{s} > 0$，$(m+1) > 0$，$(k+1)^2 > 0$，$(n-k+1) > 0$，故式（6-17）的符号可简化为：

$$X = -k^2+(2n-m-1)k+2n-1 \qquad \text{式}(6-18)$$

由于 X 的取值可正可负，因此煤电联营可能增加利润，也可能降低利润，具体情况由上游煤炭企业数量 n、下游燃煤发电企业数量 m 和煤电联营企业数量 k 共同决定。王科等将该模型应用到家电制造和大型飞机制造产业链中，对纵向联营的条件采用举例的方式进行了应用[①]。本书进一步将市场条件总结归纳为数学模型，可以推广到更大范围的应用。当上游煤炭企业数量 n、下游燃煤发电企业数量 m 和煤电联营企业数量 k 在不同取值情况下，X 值对煤电联营决策的影响分析如下：

---

① 王科，肖刚，周泓. 寡头竞争市场产业链纵向关系治理研究——以大型客机产业为例［J］. 科技管理研究，2012，32（5）：100-105.

（1）当 $2 \leqslant m \leqslant n$ 时，$X > 0$，此时完全煤电联营。

当 $k = 1$ 时，联营企业的均值 $\overline{X}$ 为最大值，即 $\overline{X}_{max} = 4n - m - 3 > 0$；

当 $k = m$ 时，联营企业的均值 $\overline{X}$ 为最小值，即 $\overline{X}_{min} = \dfrac{-2m^2 + (2n-1)(m+1)}{m}$。

由于煤电联营利润大于煤电独营，n 家上游煤炭企业对下游燃煤发电企业进行煤电联营，$n - m$ 家独营上游煤炭企业无煤炭产品供应市场而退出，上下游企业完全联营，形成寡头产业链。

（2）当 $n < m \leqslant 4n - 3$ 时，$X > 0$ 或者 $X < 0$，符号不确定，此时联营与独营并存。

当 $k = 1$ 时，联营企业的均值 $\overline{X}$ 为最大值，即 $\overline{X}_{max} = 4n - m - 3 > 0$。

当 $k = n$ 时，联营企业的均值 $\overline{X}$ 为最小值，即 $\overline{X}_{min} = \dfrac{n^2 - mm + n - 1}{n} < 0$。

当 $1 \leqslant k \leqslant k_{max}$ 时，$X \geqslant 0$；当 $k_{max} < k \leqslant n$ 时，$X \leqslant 0$。k_{max} 为利润为正的煤电联营企业最大数量。

在此情形下，煤电联营与煤电独营共存。当 m 增加较多时，n - k 家煤电独营企业产量较大，对独营上游煤炭企业的产量贡献较大，吸引煤电联营企业拆分供应较多的下游燃煤发电企业，尽管其利润率降低，但产量显著增加，总利润也增加。此时，形成煤电联营与煤电独营共存。

（3）当 $4n - 3 < m$ 时，$X < 0$，此时完全煤电独营。煤电独营的利润大于煤电联营的利润，因此上下游产业分离，无煤电联营。上游市场为形成单一煤炭产品的价格竞争，下游市场为形成单一最终电力产品的价格竞争。

6.3.3 算例分析

为了证明煤电联营决策模型的有效性，利用 Matlab 数值分析软件进行相关分析，对三种不同情境下的煤电联营决策进行算例仿真。

（1）完全煤电联营情境。在完全煤电联营情境下，各参数假设如下：n = 50，m = 40，此时 $2 \leqslant m \leqslant n$。根据参数设置，k 值变化对 $\overline{X}$ 取值的影响，如图 6 - 3 所示。

从图 6 - 3 可以看出，在完全煤电联营情境下，煤电联营利润大于煤电独营利润，当 $k = 1$ 时，煤电联营企业的平均收益达到最大，随着煤电联营企业的不断增加，煤电联营企业的平均收益不断降低，当 40 家上游煤炭企业均与下游燃煤发电企业进行煤电联营时，煤电联营企业的平均收益最低。此时，剩余 10 家独营上游煤炭企业无煤炭产品供应市场而退出，上下游企业完全联营，形成寡头产业链。

（2）煤电联营与独营并存情境。在煤电联营与独营并存情境下，各参数假设如下：$n = 50$，$m = 80$，此时 $n < m \leqslant 4n - 3$。根据参数设置，k 值变化对 $\overline{X}$ 取值的影响，如图 6 - 4 所示。

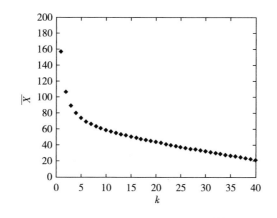

图 6 - 3　完全煤电联营情境下 k 值变化对 $\overline{X}$ 取值的影响

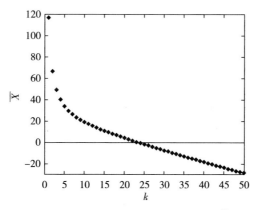

图 6 - 4　煤电联营与独营并存情境下 k 值变化对 $\overline{X}$ 取值的影响

从图 6-4 可以看出，在煤电联营与独营并存情境下，当 $1 \leqslant k \leqslant 23$ 时，煤电联营利润大于煤电独营利润，其中 $k=1$ 时，煤电联营企业的平均收益达到最大，随着煤电联营企业的不断增加，煤电联营企业的平均收益不断降低，当 $k=23$，煤电联营企业的平均收益最低；当 $23 < k \leqslant 50$ 时，煤电联营利润小于煤电独营利润，随着煤电联营企业的不断增加，煤电联营企业的平均亏损不断加大，当 $k=50$，煤电联营企业的平均亏损达到最大；当煤电联营出现亏损时，煤电联营企业会通过拆分减少亏损，此时，煤电联营与煤电独营共存。

在煤炭去产能政策下，上游煤炭企业数量大幅减少，煤炭产量下降，煤炭价格提高，导致煤电冲突严重。在此情形下，国家出台煤电去产能政策和煤电联营政策，因此，下游燃煤发电企业数量也在减少。在当前煤电市场中，上游煤炭企业部分选择联营，部分选择独营，随着煤电联营企业数量的增加，煤电联营企业利润会逐渐降低甚至亏损。当出现亏损时，煤电联营企业会拆分供应较多的下游燃煤发电企业，尽管其利润率降低，但产量显著增加，总利润也增加。在此情境下，形成煤电联营企业与煤电独营企业共存。

（3）完全煤电独营情境。在完全煤电独营情境下，各参数假设如下：$n=25$，$m=100$，此时 $4n-3 < m$。根据参数设置，k 值变化对 $\overline{X}$ 取值的影响，如图 6-5 所示。

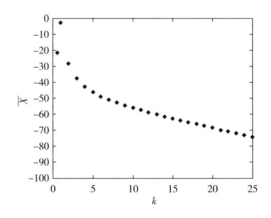

图 6-5　完全煤电独营情境下 k 值变化对 $\overline{X}$ 取值的影响

从图 6-5 可以看出,在完全煤电联营情境下,煤电独营利润大于煤电联营利润,随着煤电联营企业的不断增加,煤电联营企业的平均亏损不断加大,当 $k=25$ 时,煤电联营企业的平均亏损达到最大;当煤电联营出现亏损时,上下游产业分离,无煤电联营。上游市场为形成单一煤炭产品价格竞争,下游市场为形成单一最终电力产品价格竞争。

在当前煤电市场中,在局部区域已经呈现出类似情形,受我国 2001 年 12 月加入世界贸易组织的有利影响,长三角和珠三角地区电力需求增长迅猛,大量燃煤发电企业投产发电。随着煤炭资源整合,煤炭企业数量大幅度减少,以神华宁夏煤业集团为例,通过煤炭资源整合,形成了宁夏地区最大的煤炭生产企业,宁煤集团也是宁夏七大电厂的主要煤炭供应商。2017 年 3 月 20 日,神华宁煤集团运销公司向下游燃煤发电企业发出可能断供的"温馨提示"。通过上述案例可以看出,对于神华宁夏煤业集团而言,煤电独营利润大于煤电联营利润,因此,上游煤炭企业不会与下游燃煤发电企业进行煤电联营,下游燃煤发电企业将面临断供风险。在此情境下,形成完全煤电独营。

6.4 煤电能源供应链纵向一体化效应模型构建

6.4.1 煤电能源供应链模型

上一节讨论了多个煤炭生产企业、多个燃煤发电企业和多个煤电联营企业组成复杂煤电能源供应链中企业进行纵向决策的市场条件,但假设中定义的是多对多的供应链情形,未考虑单对单的供应链情形。笔者在项目实际调研过程中发现,在某些区域存在着绝大多数煤炭由一家煤炭生产企业生产、绝大多数电力由一家燃煤发电企业发电的情形,同时,市场中还存在着掌握一定运输能力的煤炭贸易企业。随着煤电联营的发展,某些大型能源企业内部本身就存在着煤炭生产企业、煤炭贸易企业和燃煤发电企业。因此,笔者考虑一条由单一煤炭生产企业、煤炭贸易企业和燃煤发电企业构成的煤电能源供应链,其中,煤炭生产企业负责煤炭的生产;煤炭贸易企业负责将煤炭从煤炭生产企业所在地购买煤炭，并将运输燃煤发电企业所在地；燃煤发电企业负责利用火力发电设备发电并销售电力。本节符号定义如表6-5所示。

表6-5 符号定义

符号	定义
C	煤炭生产企业
T	煤炭贸易企业
E	燃煤发电企业
p_C	煤炭生产企业制定的单位煤炭坑口价格
p_T	煤炭贸易企业制定的单位煤炭到厂价格
p_E	燃煤发电企业制定的单位电量销售价格
F_C	煤炭生产企业的单位煤炭生产成本
F_T	煤炭贸易企业的单位煤炭贸易成本
F_E	燃煤发电企业的单位电量发电成本
Q_C	煤炭生产企业的产量
Q_T	煤炭贸易企业的产量
Q_E	燃煤发电企业的产量
π_C	煤炭生产企业的利润
π_T	煤炭贸易企业的利润
π_E	燃煤发电企业的利润
λ	煤炭运输转换系数
α	单位煤炭运输过程损耗率
κ	电力的折标系数，即单位电量的标准耗煤量
π_{CTE}^{FS}	煤电能源供应链分散决策的利润
π_{CTE}^{JZ}	煤电能源供应链纵向一体化决策的利润

基本假设为：

（1）假定电力市场的逆需求为简单线性关系，逆需求函数为：

$$p_E = a - bQ_E \qquad 式(6-19)$$

其中，$a>0$，$b>0$，a，b均为常量。

（2）假定煤炭生产企业、煤炭贸易企业和燃煤发电企业均为风险中性者，其目标都是最大化其利润。

煤炭生产企业、煤炭贸易企业和燃煤发电企业组建煤电能源供应链的决

112

策行为分为如下两种情形：

一是纵向独立决策，煤电能源供应链中的煤炭生产企业（C）、煤炭贸易企业（T）与燃煤发电企业（E）相互独立，各自根据自身利益最大化进行决策。

二是纵向一体化决策，煤电能源供应链中煤炭生产企业（C）、煤炭贸易企业（T）与燃煤发电企业（E）为同一法人主体下不同分公司，以煤电能源供应链整体利益最大化进行决策。

6.4.2　煤电能源供应链纵向一体化决策模型

6.4.2.1　纵向独立决策模型

燃煤发电企业的利润函数为：

$$\pi_E = (p_E - C_E - \kappa p_T)Q_E \qquad 式（6-20）$$

煤炭贸易企业的利润函数为：

$$\pi_T = (p_T - F_T - \lambda p_C)Q_T \qquad 式（6-21）$$

煤炭生产企业的利润函数为：

$$\pi_C = (p_C - F_C)Q_C \qquad 式（6-22）$$

其中：$Q_C = \lambda Q_T$，$\lambda = \dfrac{1}{1-\alpha}$，$Q_T = \kappa Q_E$。

随着国家去产能政策的推进，煤炭生产企业的数量在减少，控制资源优势日益明显。本书以煤炭生产企业为核心企业，在纵向独立决策时，煤电能源供应链中的煤炭生产企业（C）、煤炭贸易企业（T）与燃煤发电企业（E）相互独立，根据 Stackelberg 寡头竞争模型进行纵向独立决策。

首先，燃煤发电企业进行最优决策，将式（6-19）带入式（6-20）。根据利润最大化一阶条件，可解得煤炭贸易企业制定的单位煤炭到厂价格为：

$$p_T = \frac{a - F_E - 2bQ_E}{\kappa} \qquad 式（6-23）$$

其次，煤炭贸易企业进行最优决策，将式（6-23）带入式（6-21），根据利润最大化一阶条件，可解得煤炭生产企业制定的单位煤炭坑口价格为：

$$p_C = \frac{a - F_E - \kappa F_T - 4bQ_E}{\kappa\lambda} \qquad \text{式(6-24)}$$

最后,煤炭生产企业进行最优决策,将式(6-24)带入式(6-22),根据利润最大化一阶条件,可解得煤电能源供应链中的电力需求量为:

$$Q_E = \frac{a - F_E - \kappa F_T - \kappa\lambda F_C}{8b} \qquad \text{式(6-25)}$$

联立公式,可得到纵向独立决策情形下,煤炭生产企业制定的单位煤炭坑口价格、煤炭贸易企业制定的单位煤炭到厂价格和燃煤发电企业的单位电量销售价格为:

$$\left.\begin{aligned}
p_C &= \frac{a}{2} + \frac{\kappa\lambda F_C - \kappa F_T - F_E}{2} \\
p_T &= \frac{3a}{4} + \frac{\kappa\lambda F_C + \kappa F_T - 3F_E}{4} \\
p_E &= \frac{7a}{8} + \frac{\kappa\lambda F_C + \kappa F_T + F_E}{8}
\end{aligned}\right\} \qquad \text{式(6-26)}$$

同时,解得纵向独立决策情形下,煤炭生产企业、煤炭贸易企业和燃煤发电企业的利润分别为:

$$\left.\begin{aligned}
\pi_C &= \frac{\left[a - (\kappa\lambda F_C + \kappa F_T + F_E)\right]^2}{16b} \\
\pi_T &= \frac{\left[a - (\kappa\lambda F_C + \kappa F_T + F_E)\right]^2}{32b} \\
\pi_E &= \frac{\left[a - (\kappa\lambda F_C + \kappa F_T + F_E)\right]^2}{64b}
\end{aligned}\right\} \qquad \text{式(6-27)}$$

由此,可得纵向独立决策情形下,煤电能源供应链的利润为:

$$\pi_{CTE}^{FS} = \frac{7\left[a - (\kappa\lambda F_C + \kappa F_T + F_E)\right]^2}{64b} \qquad \text{式(6-28)}$$

6.4.2.2 纵向一体化决策模型

当煤电能源供应链中煤炭生产企业(C)、煤炭贸易企业(T)与燃煤发电企业(E)为同一法人主体下的不同分公司时,煤电能源供应链利润函数为:

$$\pi_{CTE}^{JZ} = (p_E - \kappa\lambda F_C - \kappa F_T - F_E)Q_E \qquad \text{式(6-29)}$$

将式（6－19）带入式（6－29），根据利润最大化一阶条件，可解得煤电能源供应链中的电力需求量为：

$$Q_E = \frac{a - F_E - \kappa F_T - \kappa\lambda F_C}{2b}$$　　式（6－30）

将式（6－30）带入式（6－19），可解得燃煤发电企业的单位电量销售价格为：

$$p_E = \frac{a}{2} + \frac{\kappa\lambda F_C + \kappa F_T + F_E}{2}$$　　式（6－31）

因此，煤电能源供应链中煤炭生产企业（C）、煤炭贸易企业（T）与燃煤发电企业（E）形成一个同一法人主体时的利润为：

$$\pi_{CTE}^{JZ} = \frac{\left[a - (\kappa\lambda F_C + \kappa F_T + F_E)\right]^2}{4b}$$　　式（6－32）

6.4.3　煤电能源供应链纵向一体化效应模型

由式（6－28）和式（6－32）比较可知，煤电能源供应链中煤炭生产企业、煤炭贸易企业和燃煤发电企业形成一个同一法人主体进行纵向一体化决策的利润大于相互独立进行纵向独立决策的利润。煤电能源供应链纵向一体化新增收益计算模型可表示为：

$$\xi_{CTE} = \pi_{CTE}^{JZ} - \pi_{CTE}^{FS} = \frac{9\left[a - (\kappa\lambda F_C + \kappa F_T + F_E)\right]^2}{64b}$$　式（6－33）

因此，对于同一法人主体的母公司而言，需要适当的收益分配机制，引导煤炭生产企业、煤炭贸易企业、燃煤发电企业进行合理决策，从而改进煤电能源供应链收益，进而提高参与各方的收益和参与积极性。

6.4.4　基于鲁宾斯坦讨价还价模型的收益分配机制

为合理分配新增收益，设煤炭生产企业、煤炭贸易企业和燃煤发电企业的新增收益分配系数为 x_C、x_T、x_E，$x_C + x_T + x_E = 1$。本书通过鲁宾斯坦讨价还价模型对合作中的收益分配系数大小进行确定。

在煤电能源供应链中，煤炭生产企业、煤炭贸易企业和燃煤发电企业对如何分配煤电能源供应链中新增收益 ξ_{CTE} 进行谈判，煤炭生产企业、煤炭贸易企业和燃煤发电企业轮流给出分配方案，当其中一个参与者给出分配方案时，当且仅当另外两个参与者都接受时，才能停止谈判，否则进入下一轮谈判，并且规定：在煤炭生产企业给出分配方案后，下一轮的谈判中必定由煤炭贸易企业给出分配方案，而在煤炭贸易企业给出分配方案后，下一轮的谈判必定由燃煤发电企业给出分配方案，即博弈的顺序为煤炭生产企业—煤炭贸易企业—燃煤发电企业—煤炭生产企业。如此重复进行谈判，阶段1、4、7、10…是同一子博弈，均由煤炭生产企业给出分配方案；阶段2、5、8、11…是同一子博弈，均由煤炭贸易企业给出分配方案；阶段3、6、9、12…是同一子博弈，均由燃煤发电企业给出分配方案。假定煤炭生产企业、煤炭贸易企业和燃煤发电企业的贴现率分别为 δ_C、δ_T 和 δ_E。

按照逆向归纳的思想：

首先考虑阶段4，则分配方案为 (x_C, x_T, x_E)。由于 $x_C + x_T + x_E = 1$，因此等价于 $(x_C, x_T, 1 - x_C - x_T)$。

然后考虑阶段3，燃煤发电企业给出分配方案，若想使煤炭生产企业和煤炭贸易企业均接受，则需要至少同时满足煤炭生产企业和煤炭贸易企业在阶段3的收益不低于 $\delta_C x_C$ 和 $\delta_T x_T$；此时，燃煤发电企业可分得的份额为 $1 - \delta_C x_C - \delta_T x_T$，由于 $0 \leq \delta_C \leq 1$，$0 \leq \delta_T \leq 1$；此时的最优分配方案为 $(\delta_C x_C, \delta_T x_T, 1 - \delta_C x_C - \delta_T x_T)$。

继而再考虑阶段2，此阶段由煤炭贸易企业给出分配方案，若想使煤炭生产企业和燃煤发电企业均接受，则需要至少同时满足煤炭生产企业和燃煤发电企业在阶段2的收益不低于 $\delta_C^2 x_C$ 和 $\delta_E(1 - \delta_C x_C - \delta_T x_T)$；此时，煤炭贸易企业可分得的份额为 $1 - \delta_C^2 x_C - \delta_E(1 - \delta_C x_C - \delta_T x_T)$；故此时的最优分配方案为 $\left[\delta_C^2 x_C, 1 - \delta_C^2 x_C - \delta_E(1 - \delta_C x_C - \delta_T x_T), \delta_E(1 - \delta_C x_C - \delta_T x_T) \right]$。

最后考虑阶段1，煤炭生产企业给出分配方案，若想使煤炭贸易企业和燃煤发电企业均接受，则需要至少同时满足煤炭贸易企业和燃煤发电企业在阶段1的收益不低于 $\delta_T[1 - \delta_C^2 x_C - \delta_E(1 - \delta_C x_C - \delta_T x_T)]$ 和 $\delta_E^2(1 - \delta_C x_C - \delta_T x_T)$；此时，可得煤炭生产企业所得份额 $1 - \delta_T[1 - \delta_C^2 x_C - \delta_E(1 - \delta_C x_C - \delta_T x_T)] - \delta_E^2(1 - \delta_C x_C - \delta_T x_T)$。故此时的最优分配方案为：

$$\left(\begin{array}{l} 1 - \delta_T[1 - \delta_C^2 x_C - \delta_E(1 - \delta_C x_C - \delta_T x_T)] - \delta_E^2(1 - \delta_C x_C - \delta_T x_T) \\ \delta_T[1 - \delta_C^2 x_C - \delta_E(1 - \delta_C x_C - \delta_T x_T)], \delta_E^2(1 - \delta_C x_C - \delta_T x_T) \end{array}\right)$$

式（6 - 34）

此时可得方程组为：

$$\left. \begin{array}{l} 1 - \delta_T[1 - \delta_C^2 x_C - \delta_E(1 - \delta_C x_C - \delta_T x_T)] - \delta_E^2(1 - \delta_C x_C - \delta_T x_T) = x_C \\ \delta_T[1 - \delta_C^2 x_C - \delta_E(1 - \delta_C x_C - \delta_T x_T)] = x_T \\ \delta_E^2(1 - \delta_C x_C - \delta_T x_T) = x_E \\ x_C + x_T + x_E = 1 \end{array} \right\}$$

式（6 - 35）

求解式（6 - 35）可得均衡结果为：

$$\left. \begin{array}{l} x_C = \dfrac{A}{B} \\[2mm] x_T = \dfrac{(1 - \delta_E^2)B + (\delta_C \delta_E^2 - 1)A}{(1 - \delta_T \delta_E^2)B} \\[2mm] x_E = \delta_E^2 \dfrac{(1 - \delta_T)B - (\delta_C - \delta_T)A}{(1 - \delta_T \delta_E^2)B} \end{array} \right\}$$

式（6 - 36）

其中 $A = 1 - \delta_T - \delta_E^2 + \delta_T \delta_E + \delta_T \delta_E^2 - \delta_T^2 \delta_E$ ；$B = 1 + \delta_C \delta_T \delta_E + \delta_C^2 \delta_T^2 \delta_E^2 - \delta_C^2 \delta_T - \delta_T^2 \delta_E - \delta_C \delta_E^2$ 。

因此，煤炭生产企业、煤炭贸易企业、燃煤发电企业的收益计算模型可表示为：

$$\left. \begin{array}{l} \xi_C = \pi_C + x_C \xi_{CTE} \\ \xi_T = \pi_T + x_T \xi_{CTE} \\ \xi_E = \pi_E + x_E \xi_{CTE} \end{array} \right\}$$

式（6 - 37）

当采用鲁宾斯坦讨价还价方法对煤电能源供应链纵向一体化所形成的最大利润进行讨价还价博弈时，煤炭生产企业、煤炭贸易企业、燃煤发电企业的分配份额由式（6 - 36）确定；煤炭生产企业、煤炭贸易企业、燃煤发电企业的收益分配由式（6 - 37）确定。

6.4.5　算例分析

实验数据如下所示，假设存在一个由煤炭生产企业、煤炭贸易企业和燃煤发电企业组成的煤电能源供应链，电力市场的逆需求函数为 $p = 12 - 0.15Q_E$，参数设置如表6-6所示。

表6-6　　　　　　　　　　参数设置

符号	参数
F_C	0.3
F_T	0.2
F_E	0.5
λ	1.05
α	0.05
κ	1.229

根据模型，可得煤电能源供应链纵向一体化效应结果，如表6-7所示。

表6-7　　　　　　　煤电能源供应链纵向一体化效应

	p_E	Q_E	π_E	π_T	π_C	π_{CTE}
纵向独立决策	70.94	9.06	12.30	24.60	49.20	86.10
纵向一体化决策	43.78	36.22	196.79			196.79
新增收益						66.31

当煤炭生产企业、煤炭贸易企业和燃煤发电企业组成同一法人主体纵向一体化决策时，销售价格低于纵向独立决策，这有助于增加消费者剩余，进而增加电力销售数量，正如表6-7所示，煤炭生产企业、煤炭贸易企业和燃煤发电企业形成同一法人主体时的电力销售数量比独立决策时增长了300%。煤炭生产企业、煤炭贸易企业和燃煤发电企业形成同一法人主体对整个供应链收益比纵向独立决策时的整个供应链收益增长了129%。

为推进煤电能源供应链纵向一体化企业的形成收益共享的分配机制，如何激励各分公司是众多企业需要研究的重要问题。当采用鲁宾斯坦讨价还价方法对煤电能源供应链所形成的最大利润进行讨价还价博弈时，煤炭生产企业、煤炭贸易企业、燃煤发电企业的最优分配份额由式（6-36）确定；煤炭生产企业、煤炭贸易企业、燃煤发电企业的最优收益分配由式（6-37）

确定。

综上所述，可以对煤电能源供应链纵向一体化决策下不同的煤炭生产企业、煤炭贸易企业和燃煤发电企业的贴现率 δ_C、δ_T 和 δ_E 下参与各方收益与纵向独立决策下煤炭生产企业、煤炭贸易企业和燃煤发电企业的收益进行比较。不同的煤炭生产企业、煤炭贸易企业和燃煤发电企业的贴现率 δ_C、δ_T 和 δ_E 下各方收益变动情况，如表 6 - 8 所示。

表 6 - 8　　鲁宾斯坦讨价还价理论下煤电能源供应链各方收益情况

贴现率	煤炭生产企业		煤炭贸易企业		燃煤发电企业	
	收益值	增长率	收益值	增长率	收益值	增长率
$\delta_C = 0.25, \delta_T = 0.25, \delta_E = 0.25$	133.53	171%	45.69	86%	17.57	43%
$\delta_C = 0.25, \delta_T = 0.25, \delta_E = 0.5$	122.29	149%	40.06	63%	34.44	180%
$\delta_C = 0.25, \delta_T = 0.25, \delta_E = 0.75$	96.73	97%	33.42	36%	66.64	442%
$\delta_C = 0.25, \delta_T = 0.5, \delta_E = 0.25$	111.04	126%	68.88	180%	16.87	37%
$\delta_C = 0.25, \delta_T = 0.5, \delta_E = 0.5$	106.33	116%	58.26	137%	32.19	162%
$\delta_C = 0.25, \delta_T = 0.5, \delta_E = 0.75$	88.76	80%	44.67	82%	63.35	415%
$\delta_C = 0.25, \delta_T = 0.75, \delta_E = 0.25$	84.47	72%	97.05	294%	15.27	24%
$\delta_C = 0.25, \delta_T = 0.75, \delta_E = 0.5$	85.64	74%	84.73	244%	26.42	115%
$\delta_C = 0.25, \delta_T = 0.75, \delta_E = 0.75$	78.23	59%	65.21	165%	53.34	334%
$\delta_C = 0.5, \delta_T = 0.25, \delta_E = 0.25$	137.75	180%	42.87	74%	16.16	31%
$\delta_C = 0.5, \delta_T = 0.25, \delta_E = 0.5$	128.78	162%	38.88	58%	29.14	137%
$\delta_C = 0.5, \delta_T = 0.25, \delta_E = 0.75$	105.69	115%	33.71	37%	57.40	367%
$\delta_C = 0.5, \delta_T = 0.5, \delta_E = 0.25$	116.53	137%	64.38	162%	15.88	29%
$\delta_C = 0.5, \delta_T = 0.5, \delta_E = 0.5$	112.45	129%	56.22	129%	28.12	129%
$\delta_C = 0.5, \delta_T = 0.5, \delta_E = 0.75$	95.96	95%	45.22	84%	55.61	352%
$\delta_C = 0.5, \delta_T = 0.75, \delta_E = 0.25$	89.35	82%	92.67	277%	14.77	20%
$\delta_C = 0.5, \delta_T = 0.75, \delta_E = 0.5$	90.45	84%	82.35	235%	23.99	95%
$\delta_C = 0.5, \delta_T = 0.75, \delta_E = 0.75$	83.26	69%	66.02	168%	47.51	286%
$\delta_C = 0.75, \delta_T = 0.25, \delta_E = 0.25$	145.80	196%	36.49	48%	14.50	18%
$\delta_C = 0.75, \delta_T = 0.25, \delta_E = 0.5$	139.97	184%	34.50	40%	22.34	82%
$\delta_C = 0.75, \delta_T = 0.25, \delta_E = 0.75$	122.18	148%	31.86	30%	42.75	248%
$\delta_C = 0.75, \delta_T = 0.5, \delta_E = 0.25$	129.37	163%	52.84	115%	14.58	19%
$\delta_C = 0.75, \delta_T = 0.5, \delta_E = 0.5$	126.21	157%	47.98	95%	22.62	84%
$\delta_C = 0.75, \delta_T = 0.5, \delta_E = 0.75$	111.80	127%	41.62	69%	43.37	253%
$\delta_C = 0.75, \delta_T = 0.75, \delta_E = 0.25$	103.34	110%	79.34	223%	14.12	15%
$\delta_C = 0.75, \delta_T = 0.75, \delta_E = 0.5$	104.43	112%	71.54	191%	20.81	69%
$\delta_C = 0.75, \delta_T = 0.75, \delta_E = 0.75$	97.06	97%	60.50	146%	39.22	219%

从收益最大化角度来看，当贴现率越高时，获得的收益越多；当贴现率越低时，获得的收益越少。因此，为了保证煤电能源供应链协作的稳定，对于讨价还价能力高的煤炭生产企业、煤炭贸易企业和燃煤发电企业需要适当妥协，如果某一参与者处于讨价还价弱势地位，分配收益相对较少，即使分得收益多于纵向独立决策下的收益，也可能出于报复心理，不参与煤电能源供应链协作，使处于讨价还价强势地位、分配收益相对较多的参与者损失更多以满足自身的报复心理。因此，对于煤炭生产企业、煤炭贸易企业、燃煤发电企业而言，都需要进行适当让步，进而使分配方案相对公平，激励各参与方继续参与合作。

6.5 煤电能源供应链纵向一体化推进机制模型构建

6.5.1 煤电能源供应链纵向一体化影响因素分析

演化博弈理论最早由英国学者 Magnard 提出，近年来，获得广泛应用研究。本章将演化博弈理论应用到煤电能源供应链纵向一体化推进中，由于地方政府的煤电联营政策将在很大程度上影响着博弈态势，博弈双方会根据情况变化调整自身策略。一方面，能源企业将根据政府推进煤电联营政策力度采取相应的行动，决定是否实施纵向一体化项目；另一方面，地方政府根据煤电联营政策执行的情况评估政策效力、对现有煤电联营政策作出相应的调整。因此，可以将地方政府与能源企业的纵向一体化推进过程应用演化博弈理论进行研究。

为了便于对纵向一体化项目煤电联营政策模拟，本书利用公共政策理论，结合纵向一体化项目产业实际，对不同的煤电联营相关影响因素政策设置不同的参数，通过观察参数变化对纵向一体化推进过程的影响，研究煤电联营政策下煤电能源供应链纵向一体化推进机制，符号定义如表 6－9 所示。

表6-9　　　　　　　　　　　符号定义

符号	定义
π	预期利润
p	纵向一体化项目单位电量的销售价格
h	纵向一体化项目单位电量的成本
Q	为实施纵向一体化项目能源企业的售电量
F	实施费用
B	纵向一体化项目补偿费用
δ	纵向一体化项目单位电量的补偿价格
R	地方政府奖励费用
T	税收
β	含企业所得税、营业税、增值税等所有税的综合税率
V	环境收益
λ	实施纵向一体化项目能源企业单位售电量的环境收益
C	宣传费用
H	时间价值
P_1	能源企业实施纵向一体化项目的概率
P_2	地方政府纵向一体化推进的力度
L	地方政府
D	能源企业

6.5.1.1　影响能源企业决策的影响因素

预期利润：通过实施纵向一体化项目，获取利润是能源企业实施纵向一体化项目的主要动力。

实施费用：主要包括实施纵向一体化项目所需的设备费用、建设费用，技术转让费用等。

纵向一体化项目补偿费用：为保障实施纵向一体化项目能源企业的日常运营，地方政府制定纵向一体化项目电量补偿标准对能源企业进行补偿。

地方政府奖励费用：地方政府对实施纵向一体化项目的财政奖励费用。

6.5.1.2　影响地方政府决策的影响因素

税收：纵向一体化推进后给地方政府带来的税收收入。

地方政府奖励费用：地方政府对纵向一体化推进进行财政奖励的支出。

环境收益：通过实施煤电能源供应链纵向一体化项目，能源企业在煤矿疏干水复用、低热值煤就地消纳、锅炉灰渣回填复垦和井下充填、电站余热利用等方面提高了资源利用率，获得良好的环境效益。

宣传费用：地方政府在纵向一体化推进过程中，宣传、调研、指导、培训等所产生的费用。

时间价值：纵向一体化引入前后所产生的时间价值损耗。假定地方政府的推进能够使能源企业迅速实施纵向一体化项目投产使用。

6.5.2 煤电能源供应链纵向一体化博弈矩阵构建

在不同策略下，参与煤电能源供应链纵向一体化博弈的地方政府和能源企业的博弈矩阵见表6－10。

表6－10　　　　　　　不同策略下参与主体双方的博弈矩阵

主体		能源企业	
		实施 P_1	不实施 $1 - P_1$
地方政府	推进 P_2	$Q_L = T + V + H - B - R - C$ $= (\beta p - \zeta \beta p + \lambda - \delta)Q + H - R - C$	$Q_L = -C$
		$Q_D = \pi + B + R - F - T$ $= (p - h + \delta - \beta p)Q + R - F$	$Q_D = 0$
	不推进 $1 - P_2$	$Q_L = T + V$ $= (\beta p + \lambda)Q$	$Q_L = 0$
		$Q_D = \pi - F - T$ $= (p - h - \beta p)Q - F$	$Q_D = 0$

6.5.3 煤电能源供应链纵向一体化博弈分析

基于上节分析，构建能源企业和地方政府的收益期望函数。

能源企业的收益期望函数为：

$$E_{实施} = P_2 [(p - h + \delta - \beta p)Q + R - F] + (1 - P_2)[(p - h - \beta p)Q - F]$$
$$= P_2 [\delta Q + R] + (p - h - \beta p)Q - F$$

$$= P_2\delta Q + P_2 R + (p - h - \beta p)Q - F \qquad 式(6-38)$$

$$E_{不实施} = 0 \qquad 式(6-39)$$

$$E_{能源企业} = P_1 E_{实施} + (1 - P_1)E_{不实施} \qquad 式(6-40)$$

地方政府的收益期望函数为：

$$E_{推广} = P_1\big[(\beta p + \lambda - \delta)Q + H - R - C\big] + (1 - P_1)(-C)$$

$$= P_1\big[(\beta p + \lambda - \delta)Q + H - R\big] - C \qquad 式(6-41)$$

$$E_{不推广} = P_1\big[(\beta p + \lambda)Q\big] + 0 = P_1(\beta p + \lambda)Q \qquad 式(6-42)$$

$$E_{地方政府} = P_2 E_{推广} + (1 - P_2)E_{不推广} \qquad 式(6-43)$$

能源企业实施纵向一体化复制动态方程为：

$$F(P_1) = \frac{dP_1}{dt} = P_1(E_{实施} - E_{能源企业})$$

$$= P_1(1 - P_1)(P_2\delta Q + P_2 R + (p - h)Q - \beta p Q - F)$$

$$式(6-44)$$

$$F'(P_1) = \frac{dP_1}{dt}$$

$$= (1 - 2P_1)(P_2\delta Q + P_2 R + (p - h)Q - \beta p Q - F)$$

$$式(6-45)$$

令 $F'(P_1) = \dfrac{dP_1}{dt} = 0$，解得 $P_1^* = 0$，$P_1^* = 1$，$P_2^* = \dfrac{F + \beta p Q - (p - h)Q}{\delta Q + R}$。

由复制动态微分方程稳定性定理及演化稳定策略性质知，当 $P_2 = \dfrac{F + \beta p Q - (p - h)Q}{\delta Q + R}$，能源企业实施纵向一体化项目的可能性都是稳定的；当 $P_2 > \dfrac{F + \beta p Q - (p - h)Q}{\delta Q + R}$，最终实施纵向一体化项目是能源企业的最优选择；当 $P_2 < \dfrac{F + \beta p Q - (p - h)Q}{\delta Q + R}$，不实施是能源企业的最优选择。

地方政府的复制动态方程为：

$$F(P_2) = \frac{dP_2}{dt} = P_2(1 - P_2)\big\{P_1\big[(\beta p + \lambda - \delta)Q + H - R\big]$$

$$- C - P_1(\beta p + \lambda)Q\big\}$$

$$= P_2(1 - P_2)\{P_1[\delta Q + H - R] - C\} \qquad 式(6-46)$$

$$F'(P_2) = \frac{dP_2}{dt} = (1 - 2P_2)[P_1(-\delta Q + H - R) - C]$$

$$式(6-47)$$

令 $F'(P_2) = \dfrac{dP_2}{dt} = 0$，解得 $P_2^* = 0$，$P_2^* = 1$，$P_1^* = \dfrac{C}{H - \delta Q - R}$。

由复制动态微分方程稳定性定理及演化稳定策略性质知，当 $P_1 = \dfrac{C}{H - \delta Q - R}$，地方政府采取的推进力度都是稳定的；当 $P_1 > \dfrac{C}{H - \delta Q - R}$，加大推进力度是地方政府的最优选择；当 $P_1 < \dfrac{C}{H - \delta Q - R}$，减小推进力度是地方政府的最优选择。

综上分析，将地方政府和能源企业的博弈关系通过二维图进行表示，如图6-6所示。

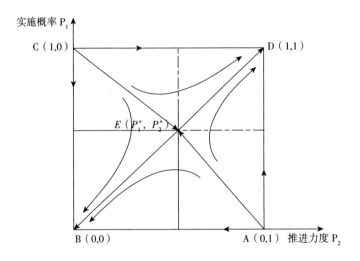

图6-6 博弈双方群体复制动态及其稳定性示意

在图6-6中，B点和D点是演化稳定策略。其中B点为帕累托劣均衡，表示地方政府不推进纵向一体化，能源企业不实施纵向一体化项目。D点为帕累托最优均衡，表示地方政府大力推进纵向一体化，能源企业积极实施纵向一体化项目。因此，当 $P_1 > \dfrac{C}{H - \delta Q - R}$，$P_2 > \dfrac{F + \beta pQ - (p - h)Q}{\delta Q + R}$ 时，系统以最大的概率收敛于帕累托最优均衡 D（1，1）。为实现上述目标，由 $P_2^* = \dfrac{F + \beta pQ - (p - h)Q}{\delta Q + R}$ 可知，地方政府可以提高补偿费用标准，降低企业生产成本等方法，推进纵向一体化。由 $P_1^* = \dfrac{C}{H - \delta Q - R}$ 可知，地方政府可以增加奖励费用，推进纵向一体化。

6.5.4　算例分析

本书运用 Matlab 软件，模拟煤电能源供应链纵向一体化推进动态进化过程。假设地方政府和能源企业在纵向一体化项目实施过程中，参数值设置如表 6 – 11 所示。

表 6 – 11　　　　　　　　　　　参数设置

符号	参数
p	0.6 元/千瓦时
h	0.2 元/千瓦时
Q	500 万千瓦时
F	210 万元
δ	0.12 元/千瓦时
R	100 万元
β	0.3
C	70 万元

6.5.4.1　不同初始状态对动态进化过程的影响

由公式 $P_1^* = \dfrac{C}{H - \delta Q - R}$，$P_2^* = \dfrac{F + \beta pQ - (p - h)Q}{\delta Q + R}$ 可知，$P_1^* = 0.5$，$P_2^* = 0.6$。不同初始状态对动态进化过程的模拟如下：

（1）当 $P_2 < 0.6$ 时，本例取 $P_2 = 0.3$，则能源企业实施纵向一体化项目策略随时间变动的动态进化过程如图 6 – 9 所示。分析图 6 – 7 可知，能源企业在初始概率下，其实施策略最终收敛于 0，即当地方政府选择推进力度较小时，能源企业最终将采取不实施的策略。

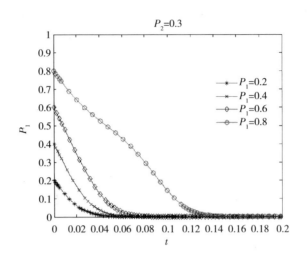

图 6 – 7 $P_2 = 0.3$ 时的动态进化过程

（2）当 $P_2 > 0.6$ 时，本例取 $P_2 = 0.9$，则能源企业实施纵向一体化项目策略随时间变动的动态进化过程如图 6 – 10 所示。分析图 6 – 8 可知，能源企业在不同初始概率下，其实施策略最终收敛于 1，即当地方政府选择推进力度较大时，能源企业最终将采取实施的策略。

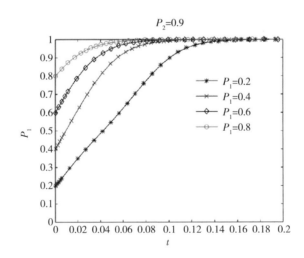

图 6 – 8 $P_2 = 0.9$ 时的动态进化过程

6.5.4.2 不同参数变化对动态进化过程的影响

结合纵向一体化项目产业实际,目前纵向一体化项目多为示范项目,许多能源企业还处于观望状态,对实施纵向一体化项目的积极性不高,本例取 $P_1 = 0.3$;在国家一系列纵向一体化项目煤电联营政策背景下,地方政府纵向一体化推进力度大,本例取 $P_2 = 0.9$。

(1) 实施纵向一体化项目能源企业的总售电量 Q 对动态进化过程的影响。实施纵向一体化项目能源企业的总售电量 Q 分别取 0、250、500、750、1000 时,能源企业实施策略选择的动态进化过程如图 6-9 所示(曲线从下到上 Q 取值依次增大)。分析图 6-9 可以发现,当实施纵向一体化项目能源企业的总售电量 Q 较低时,能源企业选择不实施策略,实施纵向一体化项目能源企业的总售电量 Q 越低,不实施决策进化速度越快;当实施纵向一体化项目能源企业的总售电量 Q 较高时,能源企业选择实施策略,实施纵向一体化项目能源企业的总售电量 Q 越高,实施决策进化速度越快。

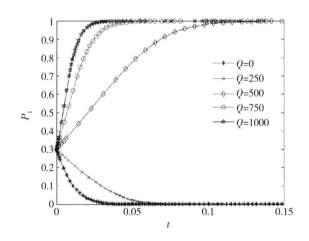

图 6-9 Q 变化时的动态进化过程

(2) 纵向一体化项目单位电量的销售价格 p 对动态进化过程的影响。纵向一体化项目单位电量的销售价格 p 元分别取 0、0.25、0.5、0.75,1 时,能源企业实施策略选择的动态进化过程如图 6-10 所示(曲线从下到上 p 取值依次增大)。分析图 6-10 可以发现,纵向一体化项目单位电量的销售价格 p 较低时,能源企业选择不实施策略,纵向一体化项目单位电量的销售价

格 p 越低，不实施决策进化速度越快；当纵向一体化项目单位电量的销售价格 p 较高时，能源企业选择实施策略，纵向一体化项目单位电量的销售价格 p 越高，实施决策进化速度越快。

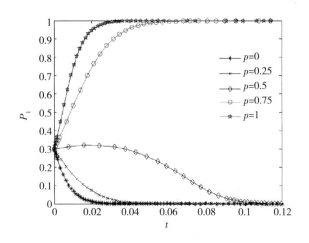

图6-10 p 变化时的动态进化过程

（3）纵向一体化项目单位电量的成本 h 对动态进化过程的影响。纵向一体化项目单位电量的成本 h 分别取 0、0.15、0.30、0.45、0.60 时，能源企业实施策略选择的动态进化过程如图 6-11 所示（曲线从上到下 h 取值依次增大）。分析图 6-11 可以发现，当纵向一体化项目单位电量的成本 h 较高

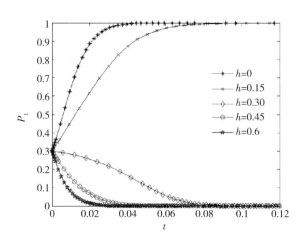

图6-11 h 变化时的动态进化过程

时，能源企业选择不实施策略，纵向一体化项目单位电量的成本 h 越高，不实施决策进化速度越快；当纵向一体化项目单位电量的成本 h 较低时，能源企业选择实施策略，纵向一体化项目单位电量的成本 h 越低，实施决策进化速度越快。

（4）实施费用 F 对动态进化过程的影响。实施费用 F 分别取 0、100、200、300、400 时，能源企业实施策略选择的动态进化过程如图 6 – 12 所示（曲线从上到下 h 取值依次增大）。分析图 6 – 12 可以发现，当实施费用 F 较高时，能源企业选择不实施策略，实施费用 F 越高，不实施决策进化速度越快；当实施费用 F 较低时，能源企业选择实施策略，实施费用 F 越低，实施决策进化速度越快。

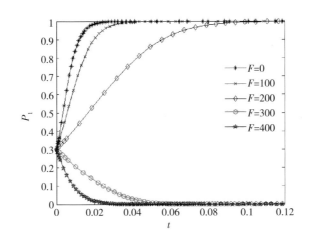

图 6 – 12　F 变化时的动态进化过程

（5）纵向一体化项目单位电量的补偿价格 δ 对动态进化过程的影响。纵向一体化项目单位电量的补偿价格 δ 分别取 0、0.03、0.06、0.09、0.12 时，能源企业实施策略选择的动态进化过程如图 6 – 13 所示（曲线从下到上 δ 取值依次增大）。分析图 6 – 13 可以发现，当纵向一体化项目单位电量的补偿价格 δ 较低时，能源企业选择不实施策略，纵向一体化项目单位电量的补偿价格 δ 越低，不实施决策进化速度越快；当纵向一体化项目单位电量的补偿价格 δ 较高时，能源企业选择实施策略，纵向一体化项目单位电量的补偿价格 δ 越高，实施决策进化速度越快。

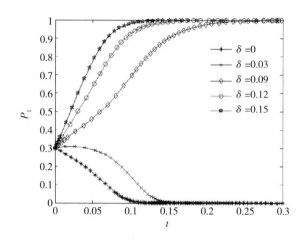

图6-13 δ 变化时的动态进化过程

（6）综合税率 β 对动态进化过程的影响。综合税率 β 分别取0、0.15、0.30、0.45、0.60时，能源企业实施策略选择的动态进化过程如图6-14所示（曲线从下到上 β 取值依次增大）。分析图6-14可以发现，当综合税率 β 较低时，能源企业选择实施策略，综合税率 β 越低，实施决策进化速度越快；当综合税率 β 较高时，能源企业选择不实施策略，综合税率越高 β，不实施决策进化速度越快。

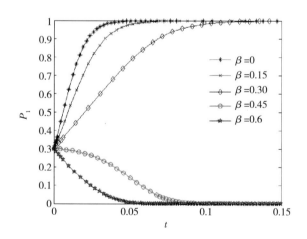

图6-14 β 变化时的动态进化过程

（7）宣传费用 C 对动态进化过程的影响。宣传费用 C 分别取 0、20、40、60、80 时，能源企业实施策略选择的动态进化过程如图 6 - 15 所示。分析图 6 - 15 可以发现，当宣传费用 C 变化时，能源企业均选择实施策略，宣传费用 C 越低，实施决策进化速度越快。可见，在本案例情境下，在煤电联营政策推动过程中，采用现代化的智能化宣传手段节省宣传费用可以加快能源企业实施决策进化速度。

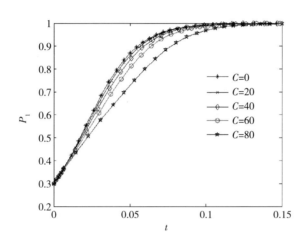

图 6 - 15　C 变化时的动态进化过程

（8）地方政府奖励费用 R 对动态进化过程的影响。地方政府奖励费用 R 分别取 0、45、90、135、180 时，能源企业实施策略选择的动态进化过程如图 6 - 16 所示（曲线从下到上 R 取值依次增大）。分析图 6 - 16 可以发现，当地方政府奖励费用 R 较低时，能源企业选择不实施策略，地方政府奖励费用 R 越低，不实施决策进化速度越快；当地方政府奖励费用 R 较高时，能源企业选择实施策略，地方政府奖励费用 R 越高，实施决策进化速度越快。

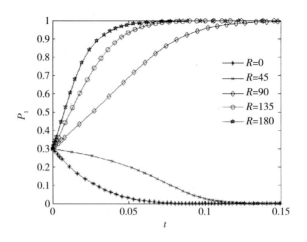

图 6-16 R 变化时的动态进化过程

6.6　本章小结

　　本章研究探讨了煤电能源供应链协调运行机制模型，首先，分析煤电联营的市场环境、政策环境和实施效果，为开展煤电能源供应链纵向一体化提供市场和政策支持。其次，构建含多个煤炭生产企业、燃煤发电企业和煤电联营企业的复杂煤电能源供应链模型，分析出进行煤电联营决策的市场条件。再次，由煤炭生产企业、煤炭贸易企业和燃煤发电企业组成的煤电能源供应链，分析了纵向独立决策、纵向一体化决策两种情形下煤炭生产企业、煤炭贸易企业和燃煤发电企业的收益，进而得出煤电能源供应链纵向一体化具有协同效应，可以增加总收益，在同一法人主体下为了合理分配总收益，基于鲁宾斯坦讨价还价模型来协商煤炭生产企业、煤炭贸易企业和燃煤发电企业三个分公司之间收益，并通过数值实验进行模拟验算。最后，基于演化博弈理论，分析地方政府与能源企业之间的博弈行动策略，构建煤电联营政策下纵向一体化推进机制模型，并求解分析，最后通过算例仿真研究各参数对系统演化路径的影响，通过演化博弈分析与模拟结果表明，地方政府对纵向一体化推进具有关键的影响，不同初始条件和参数对政策和能源企业策略选择也有影响。本书在一定意义上揭示了煤电联营政策下纵向一体化推进机制研究，为地方政府制定和完善纵向一体化项目政策提供一定的参考依据。

第7章　基于金融衍生工具的煤电能源供应链中长期合同优化模型

7.1　引言

由于中长期合同具有稳定市场供应、抑制价格异常波动、优化运力配置等优点，因此获得政府、企业和社会的广泛关注。随着我国能源变革的深入开展，中长期合同作为解决当前煤电能源领域价格冲突的重要手段受到政府的重视。考虑到我国的实际情况，煤炭中长期合同和电力中长期合同将成为我国煤炭和电力交易中重要的发展方向。

目前关于中长期合同优化的相关研究，主要是从法治化角度进行合同条款的优化和履约信用环境建设，现有研究存在一定的不足，缺乏与中长期合同履约率相关的模型研究。首先，综合分析国内和国外中长期合同发展现状，煤炭中长期合同推进的影响因素，根据现有政策，分析煤炭和电力中长期合同的合理价格区间。然后，分别构建煤炭和电力中长期合同稳定性分析模型，得出影响履约率的因素，基于金融衍生工具，构建看涨期权、看跌期权和双向期权的煤炭中长期合同优化模型，构建政府授权差价合约的电力中长期合同优化模型，并进行案例仿真，能够为决策者在中长期合同签订与履行过程中提供决策依据。

本章在全面分析煤炭和电力中长期合同的基础上，综合考虑了合同数量、合同价格、合同违约金因素等方面构建中长期合同稳定性分析模型，引入金融衍生工具，对中长期合同进行优化，弥补单独使用中长期合同履约保障难的不足。通过履约区间分析图和算例仿真，以可视化和数值方式给出不同情形下履约区间的变化情况。

7.2 煤电能源供应链中长期合同分析

7.2.1 国内中长期合同发展分析

煤电能源供应链中长期合同分为煤炭中长期合同和电力中长期合同，煤炭中长期合同经过三年多的发展，比较成熟；电力中长期合同，2020年正式推进。中长期合同是指买卖双方约定期限在一年及以上的单笔数量超过一定数量的合同。从中国历史来看，煤炭中长期合同最早可追溯从1993年开始到2013年废除的重点合同。

2016年，随着供给侧结构性改革的推进，煤炭价格上涨，煤电冲突严重，开始推行中长期合同的签订与履行，并在实践过程中不断加快推进（见图7-1）。

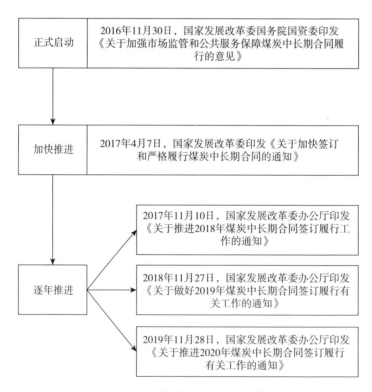

图7-1 煤炭中长期合同政策

　　煤炭中长期对未来煤电能源供应链的影响，从短期来看，当煤炭现货价格高于煤炭中长期价格时，煤炭生产企业会受到一定损失；从长期来看，中长期合同的价格浮动范围小于现货价格浮动范围，有利于煤电双方的平稳发展。

　　电力中长期合同，是中长期合同在煤炭领域发挥效果后，在电力领域的应用。2020 年国家发展改革委发布通知，明确要推广应用电力中长期合同，努力实现电力中长期合同高比例签约，加快形成灵活浮动的市场价格机制。电力中长期合同政策如图 7 - 2 所示。"基准价 + 上下浮动"价格机制是促进电力市场化交易的基本路径，签订电力中长期合同则是保障电力市场化交易路径平稳高效运营的制度保障。近年来，电力中长期合同与运行日趋成熟的煤炭中长期合同一样，极大缓解了煤电长期"顶牛"的困局，将有力促进电力与下游企业的平稳发展。

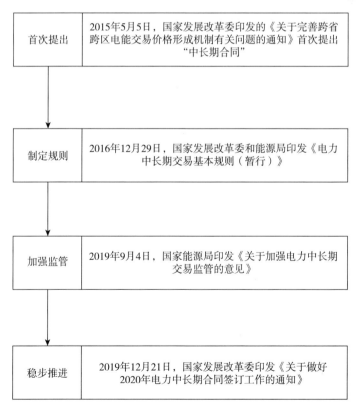

图 7 - 2　电力中长期合同政策

将"煤炭中长期合同的实践经验"迁移到"电力中长期合同的签订"中来，可以发现，国家发展改革委大力推进电力中长期合同签订，一方面是有序放开电价管控的有效手段；另一方面也是为广大一般工商业企业在用电过程中创造更多的市场化降价空间。最为重要的是，电力中长期合同将有利于建立起以终端用户需求为导向的自下游而上游的价格调整机制，为电力市场化改革提供新的远期交易市场。

7.2.2　国外中长期合同发展分析

中长期合同作为一种国际通行的市场化交易制度，在南非、美国、日本、澳大利亚等国家广泛使用，实践证明可以有效规避短期市场风险，抑制市场价格异常波动。由于商业机密的原因，上述国家的长期供煤合同相关资料较少，但大量媒体报道中提供了部分国家长期协议的相关数据，因此，本节将对美国、日本等国家中长期合同运用情况进行分析。

7.2.2.1　美国中长期合同发展分析

（1）标准化的煤炭交易合同体系。美国是世界超级大国，同时也是经济强国，煤炭资源储量丰富，是全球主要的煤炭出口国之一。在煤炭中长期合同方面积累了丰富的实践经验。经过多年实践运行，美国已形成标准化的煤炭交易合同体系，供需双方进行煤炭交易时只有签订标准合同才能完成交易。

（2）健全的企业信用评级体系。与标准化合同体系相配套的是企业信用等级评定制度，将合同履约行为纳入企业信用评级中，形成诚信履约的市场氛围。

（3）期限较长的供应合同。在美国，交易合同分为多种类型，有现货、短期、长期等多种类型。煤炭生产企业和燃煤发电行业一般都是签订 10 年以上的交易合同，以便减少价格风险，合理安排生产。以位于科罗拉多州的美国第六大煤炭生产企业 Westmoreland 煤炭公司为例，其为跨国公司，在加拿大也有煤矿，与发电企业签订了很多长期供煤协议。公司拥有 12 家露天煤矿，签订了期限至少 10 年的长期供煤协议，具有成熟的价格调整机制。

7.2.2.2　日本中长期合同发展分析

（1）多数通过长期合同采购煤炭。在日本，燃煤采购合同多样化，有现货合同、短期合同和10年及以上的长期合同等。日本进口煤炭中95%通过长期合同采购，仅有5%通过短期合同采购（见图7-3）。

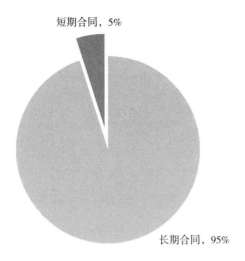

图7-3 日本动力煤进口长期合同和短期合同比例

（2）定期协商确定价格。日本发电企业燃煤全部来自海外，主要来自大洋洲产煤国澳大利亚，少部分来自印度尼西亚等煤炭出口国。在采购过程中，双方每年在3月之前协商一次，确定当年的煤炭价格。

7.2.2.3 南非中长期合同发展分析

（1）煤炭采购合同数量大、时间长。南非本身煤炭资源丰富，主要依赖燃煤发电。以南非大型国有企业Eskon为例。2012年，南非Eskom公司燃煤电站对煤炭的需求总量为13000万吨，从大型煤矿的合同采购量约10500万吨，从中小型煤矿和非合同采购量约2500万吨。Eskom公司约有13000万吨/年的煤炭供应合同将持续至少10~25年。

（2）期限较长采购合同占比高。南非Eskom公司动力煤采购的方式主要分为三种：成本加成合同、固定价格合同和中短期合同，其中前两种合同期限为10~40年，占比高达71%，如图7-4所示。

7.2.2.4 德国中长期合同发展分析

（1）签订长期供煤合同，保障电厂燃煤供应稳定。德国作为发达的西方国家，在欧洲的社会经济发展中具有一定的代表性。德国的大型电力公司经

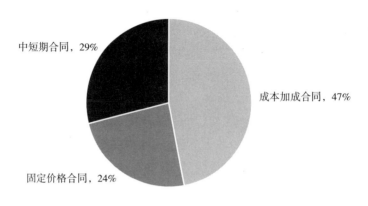

图 7 - 4 Eskom 公司煤炭采购合同比例

过市场经济长时间的磨砺，各方面都已经形成体系、发展模式逐步走向成熟，在稳定电厂燃煤供应方面积累了大量的经验，有一套行之有效的应对策略。德国国内共有四家大型电力公司，原来火力发电的燃料主要为德国本土产烟煤，基本都是签订长期供煤合同，合同期可以达到 20 ~ 30 年，从而保证电厂燃煤的稳定供应。

（2）成立专门部门，保障燃煤供应。20 世纪 90 年代，随着世界经济的迅猛发展和能源紧张程度的不断加剧，德国本土烟煤已经不能满足德国电力公司电厂燃煤供应的需求，德国电力公司不得不到市场寻找煤源，如南非煤源、哥伦比亚煤源等。现在德国电力公司燃煤当中大部分为进口煤，本土烟煤的比例已经降至 50% 以下。进口燃煤的燃烧特性与原德国本土烟煤相差很大，会影响燃煤发电机组的可靠性、安全性及经济性。为了应对由于煤质变化带来的不利影响，德国四家大型电力公司相继都组建了专门的燃料管理部门，构建起燃料管理体系，积极采取应对策略稳定燃煤供应。目前，德国电力公司的燃煤大部分是海外进口的各种复杂煤质，少部分是德国本土烟煤，同时用国际煤炭期货市场进行调节，可以保证电厂燃煤的稳定供应。

7.2.2.5 印度尼西亚中长期合同发展分析

（1）国外出口多采用长期供煤合同。煤炭是印度尼西亚的主要出口货物，印度尼西亚普吉亚森煤炭公司（PTBA）与其苏门答腊南部的煤矿与位于万丹的 Suralaya 燃煤电厂签订了 10 年期的长期供煤合同，每年供给煤炭 500 万~600 万吨，合计供应量为 5.18 亿吨，煤炭价格采用政府每月公布的基准价格。

（2）国内销售也多采用长期供煤合同。近年来，印度尼西亚国内煤炭生产需求占比也在增加。Atlas 资源公司的子公司 Hanson 能源与印度尼西亚国家电力公司签署了 20 年的煤炭供应协议。位于苏门答腊南部的 Mutara 煤矿也与印度尼西亚国家电力公司签订执行过 5 份供煤协议，连续 20 年为印度尼西亚国家电力公司的 Pangkalan Susu、Tarahan Baru、Pelabuhan Ratu 和 Teluk Sirih 四家电厂提供合计 6 500 万吨的煤炭。

7.2.2.6　印度中长期合同发展分析

（1）国外采购多采用长期供煤合同。印度的发电企业大都将印度尼西亚的煤炭储备作为主要的煤炭来源，2012 年，印度发电技术公司（TPCIL）与印度尼西亚巴延能源公司签订了期限超过 10 年的煤炭供应协议，巴延能源公司从 2014 年开始每年为印度发电技术公司一个装机容量为 1320MW 的燃煤电厂提供电煤 100 万吨，基本保证了该电厂每年的煤炭需求。印度塔塔电力与印度尼西亚 Antang Gunung Meratus（AGM）签订了长期煤炭供应协议，塔塔电力承诺每年从 AGM 购买 1000 万吨的煤炭。

（2）国内销售也多采用长期供煤合同。在国内，PKM 发电公司与印度煤炭公司的子公司东南煤矿签署了电厂一期（360MW）机组的煤炭供应协议，协议期限为 20 年。

7.2.2.7　小结

通过分析美国、日本、南非、德国、印度尼西亚和印度等国外主要煤炭生产国和消费国的煤炭中长期合同发展情况，可以得出如下特点：

（1）中长期合同签订时间较长。美国、南非、印度等国多为 10 年以上长期供煤合同。长期供煤合同有利于燃煤发电企业进行定煤种设计，节约成本。

（2）善于利用金融衍生品进行套期保值，规避价格风险。国外发达的金融市场为煤电现货市场提供多种类型套期保值方式，企业可以根据自身策略避险。

（3）国家采取长期规划，稳定煤炭市场供应充足。煤炭和电力都是基础性能源行业，资产投资额大，因此需要合理进行规划，既要避免投资不足导致的供应紧张，又要避免投资过热导致的供应过剩。

7.2.3　基于扎根理论的煤炭中长期合同影响因素分析

7.2.3.1　数据来源

在煤炭行业，政府和企业对于中长期合同进行了一定实践的探索和实践，对中长期合同有了较为深入的了解，同时举办过多种类型会议，相关资料比较丰富，数据获取比较方便。本书数据的主要收集方式为：

（1）国家发展改革委、国家能源局等政府网站，搜索"煤炭中长期合同"相关政策、文件等公开信息；

（2）2015年以来，全国煤炭交易会新闻报告材料中，搜索"煤炭中长期合同"相关报道；

（3）在中国知网和 Web of Science 等国内外检索工具中，以"煤炭中长期合同"为主题，进行文献检索，从结果中选取相关文献，对于英文文献进行翻译；

（4）其他渠道，如利用百度、微信等互联网信息平台，搜索煤炭中长期合同相关煤炭企业、电力企业和政府部门关于中长期合同的新闻报告材料。

在此基础上，为获取更为真实的一手资料，在煤炭富集的晋陕蒙宁地区，笔者联系了负责管理煤炭的国家发展改革委、煤炭局，联了神东、伊泰、中煤等多家从事煤炭中长期合同销售的煤炭企业，还联系了国电、京能等多家从事煤炭中长期合同采购的电力企业，选取了10名直接从事中长期合同相关工作的人员进行访谈。这10名访谈人员2名来自政府管理部门，4名来自煤炭生产企业，4名来自电力企业，访谈提纲如表7-1所示。

表7-1　　　　　　　　　　　　　访谈提纲

主题	内容
单位概况	所在单位简介？
中长期合同交易信息	主要的交易方式有哪些？
	中长期合同交易现状如何？

续表

主题	内容
中长期合同政策信息	对中长期合同政策的熟悉程度？
	中长期合同政策效果评价？
中长期合同影响因素	哪些因素阻碍着中长期合同发展？
	哪些因素推动着中长期合同发展？

笔者将上述文献按照句子进行分解编码，将与"煤炭中长期合同"主题相关材料，利用质性分析软件 NVivo 11 录入电脑。

7.2.3.2　基于扎根理论的中长期合同影响因素分析

扎根理论最早由美国学者格拉塞和斯特劳斯提出，学者们在其基础上不断进行完善，使其成为一种成熟的社会学研究方法。扎根理论是一种从原始语句中进行总结归纳，按照一定的步骤进行编码分析，进而得出理论模型的分析方法。基于扎根理论的中长期合同影响因素分析，具体步骤如下：

（1）开放式编码阶段。将收集到的文献原文和访谈中访谈人员的原句作为分析依据，以"煤炭中长期合同影响因素"为核心，对原始语句进行归纳总结，共提取出 65 个初始概念，进一步总结为 15 个范畴化概念。

（2）主轴编码阶段。对于经济效益、风险防范等 15 个范畴化概念，进一步归纳总结，最终归纳为企业特征、企业责任等 6 个主范畴概念。主轴编码过程如表 7 - 2 所示。

表 7 - 2　　　　　　　　　　　主轴编码过程

主范畴	副范畴	范畴内涵
企业特征	经济效益	煤炭中长期合同能增加企业收益，企业积极性高
	风险防范	煤炭中长期合同能抵御市场风险，企业积极性高
企业责任	企业责任	企业需要承担一定责任
	企业责任意识	响应国家号召，具有一定的责任意识
企业认知	中长期合同认知	对中长期合同有正确的认识
	合同条款完善	对中长期合同条款进行完善
	企业家态度	长远规划

主范畴	副范畴	范畴内涵
政府作用机制	示范作用	发挥大型企业示范作用
	奖励制度	对于积极履行中长期合同企业，给予一定奖励
	惩戒制度	对于积极履行中长期合同企业，给予一定惩戒
	政策执行力度	加强中长期政策的督促检查
第三方机构	第三方征信机构	提高信用收集与信用体系建设
	第三方交易平台	构建便捷、灵活的交易平台
其他影响条件	运力瓶颈	优化运力，保障中长期合同履行
	其他因素影响	环保督查、道路检修等其他因素

（3）选择性编码。在主轴编码基础上，进一步总结归纳，将6个主范畴分为2个核心范畴，分别为企业内部环境和外部环境，并构建了扎根理论分析模型，如图7-5所示。

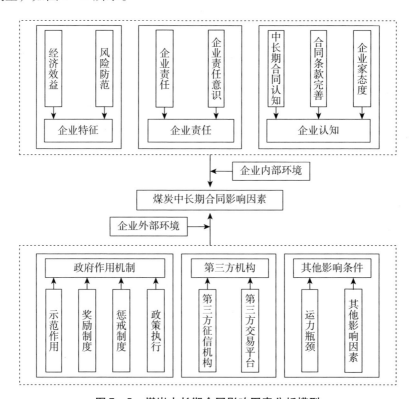

图7-5　煤炭中长期合同影响因素分析模型

7.2.3.3 政策建议

由图7-5所知，企业内外部环境对煤炭中长期合同均有一定的影响，政策建议如下：

（1）政府需要采取有力措施推动中长期合同发展。从煤炭生产企业和燃煤发电企业工作人员访谈中可知，政府的引导政策、奖惩政策及督促检查措施对推动中长期合同的开展具有显著影响。政府可以通过奖励政策、市场交易权管控、行政审批限制等方面，结合当地实际情况，对企业积极开展煤炭中长期合同进行正向引导和激励。

（2）加强对中长期合同的宣传力度，尤其是对相关企业负责煤炭销售和采购人员的培训力度。由访谈结果可知，一些中小型煤炭生产企业和燃煤发电企业对中长期合同不太了解，个别还有抵触情绪，当前，中长期合同市场以大型企业为主，数量相对较少。各级政府可以通过网络会议、视频会议、讲座、典型企业宣传、知识竞赛等类型多样的宣传方式，大力度推广中长期合同知识，培养中长期合同人才，定期进行考核和继续教育，提高中长期合同应用水平，进一步推动中长期合同的开展。

（3）加强煤炭运输通道建设，保障中长期合同顺利履行。当前，中长期合同在履行过程中，受到铁路运力、铁路检修、三峡检修等因素影响，往往出现非合同双方原因导致的履行困难。政府需要充分调研煤炭生产和消费情况，提前规划煤炭运输通道建设，加大煤炭运输通道建设力度。例如，连接煤炭生产区域山西、陕西和内蒙古与煤炭消费主要区域华中的蒙华铁路，设计运力为2亿吨/年，约占煤炭年消费量5.0%，将极大地缓解华中地区煤炭运力瓶颈问题。

7.2.4 基于ISM的煤炭中长期合同影响因素矩阵构建

7.2.4.1 解析结构模型

解析结构模型（Interpretative Structural Modeling，ISM），由Warfield教授提出，作为一种系统分析方法，被广泛应用于多个领域。

7.2.4.2 基于ISM的煤炭中长期合同影响因素矩阵构建

具体步骤如下：

（1）确定煤炭中长期合同影响因素。在上一节扎根理论对煤炭中长期合同影响因素初始概念的基础上，本书确定 15 个副范畴为煤炭中长期合同影响因素，定义如下：

$$S_i(i = 1, 2, \cdots, 15) \qquad\qquad 式(7-1)$$

（2）确定煤炭中长期合同影响因素之间的关系。建邻接矩阵 $A = [a_{ij}]$，其中 A 的元素 a_{ij} 为：

$$a_{ij} = \begin{cases} 1 \\ 0 \end{cases} \qquad\qquad 式(7-2)$$

式中：元素 i 直接影响元素 j 为 1，元素 i 不直接影响元素 j 为 0。

根据煤炭中长期合同影响因素之间的影响关系，建邻接矩阵为：

$$A = \begin{bmatrix}
0 & 0 & 0 & 0 & 0 & 0 & 0 & 0 & 0 & 0 & 0 & 0 & 0 & 0 & 0 \\
0 & 0 & 0 & 0 & 0 & 0 & 0 & 0 & 0 & 0 & 0 & 0 & 0 & 0 & 0 \\
0 & 0 & 0 & 0 & 0 & 0 & 0 & 0 & 0 & 0 & 0 & 0 & 0 & 0 & 0 \\
0 & 0 & 1 & 0 & 1 & 0 & 0 & 0 & 0 & 0 & 0 & 0 & 0 & 0 & 0 \\
0 & 0 & 0 & 0 & 0 & 0 & 0 & 0 & 0 & 0 & 0 & 0 & 0 & 0 & 0 \\
0 & 0 & 0 & 0 & 0 & 0 & 0 & 0 & 0 & 0 & 0 & 0 & 0 & 0 & 0 \\
0 & 0 & 1 & 1 & 1 & 0 & 0 & 1 & 0 & 0 & 0 & 0 & 0 & 0 & 0 \\
0 & 0 & 1 & 1 & 1 & 0 & 1 & 0 & 0 & 0 & 0 & 0 & 0 & 0 & 0 \\
1 & 1 & 1 & 1 & 1 & 0 & 1 & 1 & 0 & 0 & 0 & 0 & 0 & 0 & 0 \\
1 & 1 & 1 & 1 & 1 & 0 & 1 & 1 & 0 & 0 & 0 & 0 & 0 & 0 & 0 \\
1 & 1 & 1 & 1 & 1 & 0 & 1 & 1 & 0 & 0 & 0 & 0 & 0 & 0 & 0 \\
0 & 0 & 1 & 1 & 0 & 0 & 1 & 1 & 0 & 0 & 0 & 0 & 0 & 0 & 0 \\
0 & 0 & 0 & 0 & 1 & 1 & 0 & 0 & 0 & 0 & 0 & 0 & 0 & 0 & 0 \\
1 & 1 & 0 & 0 & 0 & 0 & 0 & 0 & 0 & 0 & 0 & 0 & 0 & 0 & 0 \\
1 & 1 & 0 & 0 & 0 & 0 & 0 & 0 & 0 & 0 & 0 & 0 & 0 & 0 & 0
\end{bmatrix}$$

（3）求解可达矩阵。可达矩阵计算公式如下：

$$M = (A + I)^{n+1} = (A + I)^n \neq (A + I)^{n-1} \neq \cdots \neq (A + I)^2 \neq (A + I)$$

$$式(7-3)$$

式中：运算法则为 $(0+0=0,\ 0+1=1,\ 1+0=1,\ 1+1=1,\ 1 \times 0 = 0,$

$1 \times 1 = 1$），矩阵 $M = (A + I)^n$ 称之为可达矩阵。

由式（7-3），可得可达矩阵为：

$$M = \begin{bmatrix}
1 & 0 & 0 & 0 & 0 & 0 & 0 & 0 & 0 & 0 & 0 & 0 & 0 & 0 & 0 \\
0 & 1 & 0 & 0 & 0 & 0 & 0 & 0 & 0 & 0 & 0 & 0 & 0 & 0 & 0 \\
0 & 0 & 1 & 0 & 0 & 0 & 0 & 0 & 0 & 0 & 0 & 0 & 0 & 0 & 0 \\
0 & 0 & 1 & 1 & 1 & 0 & 0 & 0 & 0 & 0 & 0 & 0 & 0 & 0 & 0 \\
0 & 0 & 0 & 0 & 1 & 0 & 0 & 0 & 0 & 0 & 0 & 0 & 0 & 0 & 0 \\
0 & 0 & 0 & 0 & 0 & 1 & 0 & 0 & 0 & 0 & 0 & 0 & 0 & 0 & 0 \\
0 & 0 & 1 & 1 & 1 & 0 & 1 & 1 & 0 & 0 & 0 & 0 & 0 & 0 & 0 \\
0 & 0 & 1 & 1 & 1 & 0 & 1 & 1 & 0 & 0 & 0 & 0 & 0 & 0 & 0 \\
1 & 1 & 1 & 1 & 1 & 0 & 1 & 1 & 1 & 0 & 0 & 0 & 0 & 0 & 0 \\
1 & 1 & 1 & 1 & 1 & 0 & 1 & 1 & 0 & 1 & 0 & 0 & 0 & 0 & 0 \\
1 & 1 & 1 & 1 & 1 & 0 & 1 & 1 & 0 & 0 & 1 & 0 & 0 & 0 & 0 \\
0 & 0 & 1 & 1 & 1 & 0 & 1 & 1 & 0 & 0 & 0 & 1 & 0 & 0 & 0 \\
0 & 0 & 0 & 0 & 1 & 1 & 0 & 0 & 0 & 0 & 0 & 0 & 1 & 0 & 0 \\
1 & 1 & 0 & 0 & 0 & 0 & 0 & 0 & 0 & 0 & 0 & 0 & 0 & 1 & 0 \\
1 & 1 & 0 & 0 & 0 & 0 & 0 & 0 & 0 & 0 & 0 & 0 & 0 & 0 & 1
\end{bmatrix}$$

（4）级位划分。对可达矩阵 M 分别计算可达集、前因集和共同集，公式如下：

$$R(S_i) = \{ S_{i(列)} \mid m_{ij} = 1 \} \qquad 式(7-4)$$

$$P(S_i) = \{ S_{i(行)} \mid m_{ij} = 1 \} \qquad 式(7-5)$$

$$T(S_i) = R(S_i) \cap P(S_i) \qquad 式(7-6)$$

根据上述公式，可达集、前因集和共同集，如表7-3所示。

表7-3　　　　　　　　　　可达集、前因集和共同集

	可达集	前因集	共同集
S_1	1	1、9、10、11、14、15	1
S_2	2	2、9、10、11、14、15	2
S_3	3	3、4、7、8、9、10、11、12	3
S_4	3、4、5	4、7、8、9、10、11、12	4

	可达集	前因集	共同集
S_5	5	4、5、7、8、9、10、11、12、13	5
S_6	6	6、13	6
S_7	3、4、5、7、8	7、8、9、10、11、12	7、8
S_8	3、4、5、7、8	7、8、9、10、11、12	7、8
S_9	1、2、3、4、5、7、8、9	9	9
S_{10}	1、2、3、4、5、7、8、10	10	10
S_{11}	1、2、3、4、5、7、8、11	11	11
S_{12}	3、4、5、7、8、12	12	12
S_{13}	5、6、13	13	13
S_{14}	1、2、14	14	14
S_{15}	1、2、15	15	15

根据表 7 - 3，对影响要素的层级划分，如表 7 - 4 所示。

表 7 - 4　　　　　　　　　　　　层级划分

序号	层级	要素
1	第一层	1、2、3、5、6
2	第二层	4、13、14、15
3	第三层	7、8
4	第四层	9、10、11、12

（5）绘制多级递阶有向图。建立煤炭中长期合同影响因素解析结构模型，如图 7 - 5 所示。

7.2.4.3　政策建议

由图 7 - 6 可知，煤炭中长期合同影响因素从上到下分为四层，其中第一层为直接影响因素，第二层为关键影响因素，第三层为重要引导因素，第四层为重要驱动因素。为推动煤炭中长期合同签订与履行，作者提出如下建议：

（1）进一步完善煤炭中长期合同。从目前来看，煤炭中长期合同的价格条款、时间条款等还需要进一步完善。成熟、完善的合同条款将有效避免纠纷，提高煤炭中长期合同的签订与履行。

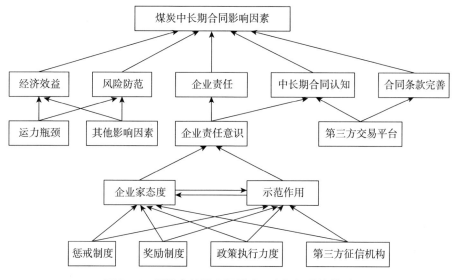

图 7 - 6　煤炭中长期合同影响因素解析结构模型

（2）加强公共服务能力建设。在公共服务能力建设方面，尤其要加强第三方交易平台和运力建设。随着智能化的发展，可以有效撮合中长期合同交易，从而极大提高煤炭中长期合同签订与履行的效率。运力通道建设将为保障煤炭中长期合同的签订与履行提供有力的运力支持。

（3）加强国有企业领导干部培训和国有企业考核。在我国，煤炭供需市场的主要参与方多为国有企业，国有企业领导在煤炭中长期合同的签订与履行过程中具有决策权和执行权，通过对国有企业领导干部培训和国有企业考核，可以提高国有企业煤炭中长期合同签订与履行的比例。

（4）强化制度保障和信用体系建设。政府应利用多种手段强化煤炭中长期合同相关引导和奖惩制度的执行，从而形成良好的政策氛围。同时，需要加强信用体系建设，形成守信联合激励、失信联合惩罚的惩戒机制。通过构建良好政策氛围，推动煤炭中长期合同的签订与履行。

7.2.5　煤电能源供应链中长期合同价格合理区间分析

由于煤电在中国的电力结构中占比最大，无论是装机容量还是发电量，都远超其他发电方式，煤炭价格和燃煤电价的制定对能源安全和社会发展有重要影响。煤炭价格和电力价格异常波动会影响企业的生产经营活动、能源的稳定供应，甚至社会稳定。煤炭价格和电力价格过高或过低都不利于企业和社会的发展，合理的煤炭和电力价格有利于维护企业的正常经营，也有利于保障上下游的供应稳定。

7.2.5.1　煤炭中长期合同价格的基准价和区间确定

（1）煤炭中长期合同价格的基准价确定：采用5500大卡动力煤535元/吨，经过2017—2019年三年的煤炭中长期合同实践证明，稳定在该基准价格附近，对于煤炭生产企业来说，可以保持一定的盈利水平；对于燃煤发电企业来说，处于可接受范围，也可以保持一定的盈利水平。

（2）煤炭中长期合同价格的区间确定：按照国家发展改革委制定的电煤价格绿色区间执行，即基准价上下浮动6%。

7.2.5.2　电力中长期合同价格的基准价和区间确定

（1）电力中长期合同价格的基准价确定：采用当地现行燃煤发电标杆上网电价，该电价经过多年运行可以保障电力企业的正常经营收益。

（2）电力中长期合同价格的区间确定：按照国家发展改革委制定的煤电浮动机制区间限制执行，即基准价上浮10%，下浮15%。

煤炭价格和电力价格合理区间分布，如图7-7所示。

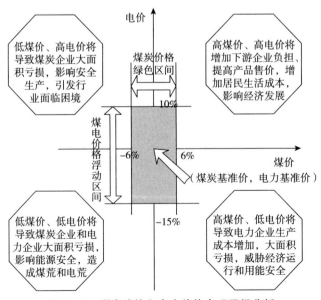

图7-7　煤炭价格和电力价格合理区间分析

从上述分析可以得出，煤炭价格和电力价格都有合理的运行区间，在合理区间运行可以保障煤炭和电力企业的正常运营。本书将通过期权和政府授权差价合约对煤炭中长期合同和电力中长期合同进行优化，从而促使煤炭价格和电力价格保持在合理运行区间内。

7.3　基于期权的煤炭中长期合同优化模型

7.3.1　期权分析

7.3.1.1　期权的定义

期权是一种金融衍生工具，持有期权的一方可以在特定的时间以特定的价格出售或者购买标的资产，但是没有相应的义务。期权分为看涨期权和看跌期权两种基本类型。看涨期权是指期权持有者未来在某一时间或者时期以一定价格购买标的资产。看跌期权是指期权持有者未来在某一时间或者时期以一定价格卖出标的资产。图 7 - 8 为看涨期权和看跌期权的示意图，图 7 - 8 中的执行价格为期权合约中规定的价格。

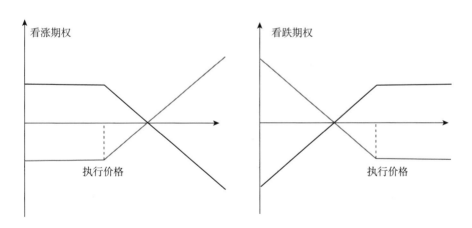

图 7 - 8　看跌期权和看涨期权

7.3.1.2　期权发展分析

1973 年，世界上第一个期权交易市场——芝加哥期权交易所成立，推出看涨期权。随着期权交易迅猛发展，1977 年芝加哥期权交易所推出看跌期权。除了场内交易，芝加哥期权交易所还在场外存在着大量交易。我国的商品交易市场开始于 1990 年，期货交易开始于 1993 年，期权交易开始于 2015 年。目前，我国共有五家期货交易所，涉及期货品种 64 种，期权品种 12 种。在能源领域，目前煤炭方面上市交易的期货品种有郑州商品交易所的动力煤、大连商品交易所的焦煤和焦炭，没有期权产品上市；电力方面目前还没有上市的期货和期权产品。与其他金融衍生工具相比，期权具有如下特点：

（1）资金占用少。对于期权买方来说，不需要缴纳保证金，只需要支付 5% ~ 10% 的期权权利金。与期货相比，期权资金占用较少。因此，对于企业而言，采用期权更有利于资金管理。

（2）期权组合灵活。期权合约种类多，可以通过组合不同的期权合约构建不同效果的套期保值方案，策略灵活度更高。因此，对于企业而言，可以根据自身的风险喜好和市场判断，选择不同类型的期权或者期权组合。

7.3.2　煤炭中长期合同博弈及其稳定性分析

煤炭中长期合同是指煤炭生产企业和燃煤发电企业签订 2 年以上的大批量采购合同。在研究中可以将煤炭中长期合同简化为由一个煤炭生产企业和一个燃煤发电企业组成的二级供应链，可以将供应链研究的相关理论应用到煤炭中长期合同研究中。在煤炭中长期合同履行过程中，当市场价格波动较大时，利益受损的一方当其违约收益大于履约收益时，存在道德风险和机会主义倾向。前人主要对固定价格合同进行了优化研究，本书进一步推广到浮动价格合同优化研究。为便于研究煤炭中长期合同，符号定义如表 7 - 5 所示。

表 7 - 5　　　　　　　　　　　　符号定义

符号	定义
P_m	单位煤炭的市场价格
P_c	单位煤炭的中长期合同价格，由"基准价 + 浮动价"构成，公式为 $P_c = 0.5P_s + 0.5P_m$
P_s	单位煤炭的中长期合同价格基准价
C	单位煤炭的煤炭生产企业生产成本

续表

符号	定义
c_1	煤炭生产企业按中长期合同交易时单位煤炭所节省的交易成本
c_2	燃煤发电企业按中长期合同交易时单位煤炭所节省的交易成本
d_1	煤炭生产企业违约时单位煤炭的违约金
d_2	燃煤发电企业违约时单位煤炭的违约金
K	燃煤发电企业在中长期合同下发电的纯利润
Q	中长期合同的煤炭量
U_C	煤炭生产企业的效用函数
U_E	燃煤发电企业的效用函数
ξ	违约率
ψ	履约率
O_1	煤炭生产企业从期权市场中买入的期权执行价格为 P_{cmin} 的单位煤炭看跌期权费用
O_2	燃煤发电企业从期权市场中买入的期权执行价格为 P_{cmax} 的单位煤炭看涨期权费用

煤炭中长期合同中煤炭生产企业和燃煤发电企业在履约（A）、违约（B）情况的收益，如表7-6所示。

表7-6　　中长期合同下煤炭生产企业与燃煤发电企的得益矩阵

主体		燃煤发电企业	
		履约 A	违约 B
煤炭生产企业	履约 A	$U_C = (P_c - C + c_1)Q$	$U_C = (P_m - C + d_2)Q$
		$U_E = (K + P_m - P_c + c_2)Q$	$U_E = (K - d_2)Q$
	违约 B	$U_C = (P_m - C - d_1)Q$	$U_C = (P_m - C + d_2 - d_1)Q$
		$U_E = (K + d_1)Q$	$U_E = (K + d_1 - d_2)Q$

在煤炭中长期合同履行过程中，煤炭生产企业和燃煤发电企业的决策取决于各自的收益，煤炭市场价格波动分析如下：

（1）煤炭市场价格大幅下跌。当煤炭市场价格低于中长期合同价格时，煤炭生产企业期望履约向燃煤发电企业供应高于市场价格的煤炭，燃煤发电企业期望违约向煤炭现货市场购买低价的煤炭。

此时，受煤炭中长期合同双方违约金等因素影响，最佳策略选择分析为：

$$U_C(A_C, A_E) - U_C(B_C, A_E) = (P_c - C + c_1)Q - (P_m - C - d_1)Q$$

$$= (P_c - P_m + c_1 + d_1)Q$$

$$= (0.5P_s - 0.5P_m + c_1 + d_1)Q > 0 \quad \text{式}(7-7)$$

$$U_C(A_C, B_E) - U_C(B_C, B_E) = (P_m - C + d_2)Q - (P_m - C + d_2 - d_1)Q$$

$$= d_1 Q > 0 \qquad \qquad \text{式}(7-8)$$

由式（7-7）和式（7-8）可知，在煤炭市场价格大幅下跌时，$U_C(A_C, S_E) - U_C(B_C, S_E) > 0$，对于煤炭生产企业，最佳策略为履约。

$$U_E(A_C, A_E) - U_C(B_C, A_E) = (K + P_m - P_c + c_2)Q - (K - d_2)Q$$

$$= (P_m - P_c + c_2 + d_2)Q > 0$$

$$= (0.5P_m - 0.5P_s + c_2 + d_2)Q > 0$$

$$\text{式}(7-9)$$

由式（7-9）可得，当 $P_m - P_s \geqslant -2c_2 - 2d_2$ 时，对于燃煤发电企业，最佳策略为履约，煤炭中长期合同双方博弈结果为（履约，履约）；当 $P_m - P_s < -2c_2 - 2d_2$，对于燃煤发电企业，最佳策略为违约，煤炭中长期合同双方博弈结果为（履约，违约）。

（2）煤炭市场价格大幅上涨。当煤炭市场价格高于中长期合同价格时，煤炭生产企业期望违约向市场出售高于中长期合同价格的煤炭，燃煤发电企业期望履约向煤炭生产企业购买低价的煤炭。此时，受煤炭中长期合同双方违约金等因素影响，最终策略选择分析为：

$$U_E(A_C, A_E) - U_C(A_C, B_E) = (K + P_m - P_c + c_2)Q - (K - d_2)Q$$

$$= (P_m - P_c + c_2 + d_2)Q$$

$$= (0.5P_m - 0.5P_s + c_2 + d_2)Q > 0$$

$$\text{式}(7-10)$$

$$U_E(B_C, A_E) - U_C(B_C, B_E) = (K + d_1)Q - (K + d_1 - d_2)Q$$

$$= d_2 Q > 0 \qquad \qquad \text{式}(7-11)$$

由式（7-10）和式（7-11）可知，当煤炭市场价格大幅上涨时，$U_E(S_C, A_E) - (U_C, S_C) > B_E$。对于燃煤发电企业，最佳策略为履约。

$$U_C(A_C, A_E) - U_C(B_C, A_E) = (P_c - C + c_1)Q - (P_m - C - d_1)Q$$

$$= (P_c - P_m + c_1 + d_1)Q$$

$$= (0.5P_s - 0.5P_m + c_1 + d_1)Q \qquad 式(7-12)$$

由式（7-6）可知，当 $P_m - P_s \leq 2c_1 + 2d_1$ 时，对于煤炭生产企业，最佳策略为履约，煤炭中长期合同双方博弈结果为（履约，履约）；当 $P_m - P_s > 2c_1 + 2d_1$，对于煤炭生产企业，最佳策略为违约，煤炭中长期合同双方博弈结果为（违约，履约）。

综上分析可知，煤炭中长期合同双方策略随煤炭市场价格波动分析图，如图 7-9 所示。图 7-9 中以衡量市场价格波动的指标为市场价格与基准价格的差值 $P_m - P_s$ 为坐标，由图 7-9 可知，煤炭中长期合同随价格波动双方履约的稳定区间为 $[-2c_2 - 2d_2, 2c_1 + 2d_1]$，煤炭价格的波动一旦偏离该区间，即当 $P_m - P_s \in (-\infty, -2c_2 - 2d_2)$ 时，则燃煤发电企业会违约；当 $P_m - P_s \in (2c_1 + 2d_1, +\infty)$ 时，则煤炭生产企业会选择违约。

图 7-9　煤炭中长期合同履约分析图

7.3.3　煤炭中长期合同稳定性及影响因素分析

假设市场价格 P_m 在基准价格 P_s 上下范围一定的幅度波动，波动情况符合标准正态分布。

违约率为：

$$\xi = \text{Prob}(x > 2c_1 + 2d_1) + \text{Prob}(x < -2c_2 - 2d_2)$$

$$= 1 - \text{Prob}(x < 2c_1 + 2d_1) + \text{Prob}(x < -2c_2 - 2d_2)$$

$$= 1 - F(2c_1 + 2d_1) + F(-2c_2 - 2d_2)$$

$$= 1 - \Phi(2c_1 + 2d_1 - \mu) + \Phi(-2c_2 - 2d_2 - \mu)$$

$$= 2 - \Phi(2c_1 + 2d_1 - \mu) - \Phi(2c_2 + 2d_2 + \mu) \qquad \text{式}(7-13)$$

履约率为：

$$\psi = 1 - \xi$$

$$= \Phi(2c_1 + 2d_1 - \mu) + \Phi(2c_2 + 2d_2 + \mu) - 1 \qquad \text{式}(7-14)$$

$$= \frac{1}{\sqrt{2\pi}} \left(\int_{-\infty}^{2c_1+2d_1-\mu} e^{-\frac{t}{2}} + \int_{-\infty}^{2c_2+2d_2+\mu} e^{-\frac{t}{2}} \right) - 1$$

（1）期望值 μ 对煤炭中长期合同稳定性影响。对式（7-8）关于 μ 求导，可得

$$\frac{\partial \psi}{\partial \mu} = \frac{1}{\sqrt{2\pi}} \left(e^{-\frac{(2c_2+2d_2+\mu2)^2}{2}} - e^{-\frac{(2c_1+2d_1-\mu)^2}{2}} \right) \qquad \text{式}(7-15)$$

对式（7-15）关于 μ 求导，可得：

$$\frac{\partial^2 \psi}{\partial^2 \mu} = -\frac{1}{\sqrt{2\pi}} \left[e^{-\frac{(2c_2+2d_2+\mu)^2}{2}} (2c_2 + 2d_2 + \mu) + e^{-\frac{(2c_1+2d_1-\mu)^2}{2}} (2c_1 + 2d_1 - \mu) \right]$$

$$\text{式}(7-16)$$

令式（7-15）等于 0，得 $\mu = c_1 + d_1 - c_2 - d_2$，代入式（7-16）中可得 $\frac{\partial^2 \psi}{\partial^2 \mu} < 0$，由此可知 $\mu = c_1 + d_1 - c_2 - d_2$ 时，ψ 取值最大，且其最大值为：

$$\psi = \Phi(2c_1 + 2d_1 - \mu) + \Phi(2c_2 + 2d_2 + \mu) - 1$$

$$= \frac{c_1 + d_1 - c_2 - d_2}{\sqrt{2\pi}} - 1 \qquad \text{式}(7-17)$$

由式（7-23）可知，煤炭中长期合同履行过程中最大履约率受到交易节省费用和违约金的影响，因此优化中长期合同交易机制，合理设计中长期合同违约金条款将有利于提高煤炭中长期合同的履约率。

（2）煤炭生产企业交易节省费用 c_1 和燃煤发电企业交易节省费用 c_2 对煤炭中长期合同稳定性影响

对式（7-14）分别关于 c_1、c_2 求导，可得：

$$\frac{\partial \psi}{\partial c_1} = \frac{2}{\sqrt{2\pi}} e^{-\frac{(2c_2+2d_2+\mu)^2}{2}} > 0 \qquad \text{式}(7-18)$$

$$\frac{\partial \psi}{\partial c_2} = \frac{2}{\sqrt{2\pi}} e^{-\frac{(2c_1+2d_1-\mu)^2}{2}} > 0 \qquad \text{式}(7-19)$$

由式（7-18）、式（7-19）可知，煤炭生产企业交易节省费用 c_1 和燃煤发电企业交易节省费用 c_2 的增加，可以提高煤炭中长期合同的稳定性。

（3）煤炭生产企业违约金 d_1 和燃煤发电企业违约金 d_2 对中长期合同稳定性影响。对式（7-14）分别关于 d_1、d_2 求导，可得：

$$\frac{\partial \psi}{\partial d_1} = \frac{2}{\sqrt{2\pi}} e^{-\frac{(2c_2+2d_2+\mu)^2}{2}} > 0 \qquad\qquad 式（7-20）$$

$$\frac{\partial \psi}{\partial d_2} = \frac{2}{\sqrt{2\pi}} e^{-\frac{(2c_1+2d_1-\mu)^2}{2}} > 0 \qquad\qquad 式（7-21）$$

由式（7-20）、式（7-21）可知，煤炭生产企业违约金 d_1 和燃煤发电企业违约金 d_2 的增加，可以提高煤炭中长期合同的稳定性。

基于上述分析，煤炭生产企业和燃煤发电企业均有违约的可能，笔者对如何利用期权市场的风险规避功能来有效解决中长期合同中的高违约率问题加以探讨。

7.3.4　煤炭中长期合同优化

由于煤炭中长期合同中煤炭生产企业和燃煤发电企业履约受到市场价格、交易节省费用和违约金的影响，通过一定措施可以降低履约率，但不能从根本上杜绝违约现象的发生。因此，需要借助金融衍生工具进行风险管理，通过设计合理的分担机制，有效化解中长期合同违约风险。期权作为一种金融衍生工具，赋予购买主体以一定价格在未来某一时间或时期买入或者卖出某一产品的权力。本节将基于期权理论对煤炭中长期合同进行优化分析。

7.3.4.1　基于看涨期权的中长期合同优化

由式（7-19）分析可知，当 $P_m - P_s > 2c_1 + 2d_1$ 时，对于煤炭生产企业而言，最佳策略为违约。为有效规避违约风险，煤炭生产企业与燃煤发电企业签订煤炭中长期合同时，燃煤发电企业从期权市场购入同等数量的煤炭看涨期权。当煤炭生产企业违约时，燃煤发电企业可以执行看涨期权，通过期权市场规避价格上涨风险。同时约定，如果燃煤发电企业单方违约将承担期权费用。对于煤炭生产企业，最大损失为期权费用，当煤炭市场价格大幅上涨时获得煤炭价格上涨的市场收益；对于燃煤发电企业，可以有效规避煤炭市场价格大幅上涨煤炭生产企业的违约风险。由此可得中长期合同双方的得益矩阵，如表7-7所示。

表 7-7   基于看涨期权的得益矩阵

主体		燃煤发电企业 E	
		履约 A	违约 B
煤炭生产企业 C	履约 A	$U_C = [\max(P_c, P_m) - C - O_1 + c_1]Q$	$U_C = [\max(P_c, P_m) - C + d_2]Q$
		$U_E = (K + P_m - P_c + c_2)Q$	$U_E = (K - d_2 - O_1)Q$
	违约 B	$U_C = [\max(P_c, P_m) - C - O_1 - d_1]Q$	$U_C = [\max(P_c, P_m) - C + d_2 - d_1 - O_1]Q$
		$U_E = [K + d_1 + \max(0, P_c - P_m)]Q$	$U_E = (K + d_1 - d_2)Q$

对于煤炭生产企业，此时：

$$U_C(A_C, A_E) - U_C(B_C, A_E)$$
$$= [\max(P_c, P_m) - C - O_1 + c_1]Q - [\max(P_c, P_m) -$$
$$C - O_1 - d_1]Q = (c_1 + d_1)Q > 0 \qquad 式(7-22)$$

$$U_C(A_C, B_E) - U_C(B_C, B_E)$$
$$= [\max(P_c, P_m) - C + d_2]Q - [\max(P_c, P_m) -$$
$$C + d_2 - d_1 - O_1]Q = (d_1 + O_1)Q > 0 \qquad 式(7-23)$$

由式（7-22）和式（7-23）可知，$U_C(A_C, S_E) - U_C(B_C, S_E) > 0$。对于煤炭生产企业，最佳策略为履约。

对于燃煤发电企业，此时：

$$U_E(A_C, A_E) - U_C(A_C, B_E) = (K + P_m - P_c + c_2)Q - (K - d_2 - O_1)Q$$
$$= (P_m - P_c + c_2 + d_2 + O_1)Q$$
$$= (0.5P_m - 0.5P_s + c_2 + d_2 + O_1)Q \qquad 式(7-24)$$

$$U_E(B_C, A_E) - U_C(B_C, B_E)$$
$$= [K + d_1 + \max(0, P_c - P_m)]Q - (K + d_1 - d_2)Q$$
$$= [d_2 + \max(0, P_c - P_m)]Q > 0 \qquad 式(7-25)$$

由式（7-24）和式（7-25）可得，当 $P_m - P_s \geqslant -2c_2 - 2d_2 - 2O_1$ 时，对于燃煤发电企业，最佳策略为履约，煤炭中长期合同双方博弈结果为（履约，履约）。当 $P_m - P_s < -2c_2 - 2d_2 - 2O_1$ 时，对于燃煤发电企业，最佳策略

为违约，煤炭中长期合同双方博弈结果为（履约，违约）。基于看涨期权的中长期合同履约分析如图 7 - 10 所示。

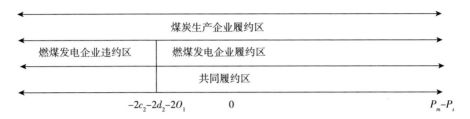

图 7 - 10　基于看涨期权的煤炭中长期合同履约分析

可知，基于看涨期权的煤炭中长期合同优化模型的履约区间为 $[- 2c_2 - 2d_2 - 2O_1, + \infty)$

7.3.4.2　基于看跌期权的中长期合同优化

由式（7 - 22）分析可知，当 $P_m - P_s < - 2c_2 - 2d_2$ 时，对于燃煤发电企业而言，最佳策略为违约。为有效规避违约风险，煤炭生产企业与燃煤发电企业签订煤炭中长期合同时，煤炭生产企业从期权市场购入同等数量的煤炭看跌期权。当燃煤发电企业违约时，煤炭生产企业可以执行看跌期权，从期权市场获得收益规避风险。同时约定，如果煤炭生产企业单方违约将承担期权费用。对于燃煤发电企业，最大损失为期权费用，当煤炭市场价格大幅下跌时获得燃料成本下降的市场收益；对于煤炭生产企业，可以有效规避煤炭市场价格大幅下跌时燃煤发电企业的违约风险。由此可得煤炭中长期合同双方的得益矩阵，如表 7 - 8 所示。

表 7 - 8　　　　　　　　　　　　　基于看跌期权的得益矩阵

主体		燃煤发电企业 E	
		履约 A	违约 B
煤炭生产企业 C	履约 A	$U_C = (P_c - C + c_1)Q$ $U_E = [K + \max(0, P_c - P_m) + c_2 - O_2]Q$	$U_C = (P_m - C + d_2)Q$ $U_E = (K + \max(0, P_c - P_m) - d_2 - O_2)Q$
	违约 B	$U_C = (P_m - C - d_1 - O_2)Q$ $U_E = [K + d_1 + \max(0, P_c - P_m)]Q$	$U_C = (P_m - C + d_2 - d_1)Q$ $U_E = [K + d_1 - d_2 + \max(0, P_c - P_m) - O_2]Q$

对于煤炭生产企业，此时：

$$U_C(A_C, A_E) - U_C(B_C, A_E)$$

$$= (P_c - C + c_1)Q - (P_m - C - d_1 - O_2)Q$$

$$= (P_c - P_m + c_1 + d_1 + O_2)Q$$

$$= (0.5P_c - 0.5P_s + c_1 + d_1 + O_2)Q \qquad \text{式}(7-26)$$

$$U_C(A_C, B_E) - U_C(B_C, B_E)$$

$$= (P_m - C + d_2)Q - (P_m - C + d_2 - d_1)Q$$

$$= d_1 Q > 0 \qquad \text{式}(7-27)$$

由式（7-26）可得，当 $P_m - P_s \geq 2c_1 + 2d_1 + 2O_2$ 时，对于煤炭生产企业，最佳策略为履约，煤炭中长期合同双方博弈结果为（履约，履约）。当 $P_m - P_s < 2c_1 + 2d_1 + 2O_2$ 时，对于煤炭生产企业，最佳策略为违约，煤炭中长期合同双方博弈结果为（履约，违约）。

对于燃煤发电企业，此时：

$$U_E(A_C, A_E) - U_C(A_C, B_E)$$

$$= [K + \max(0, P_c - P_m) + c_2 - O_2]Q -$$

$$(K - d_2 + \max(0, P_c - P_m) - O_2)Q$$

$$= (c_2 + d_2)Q > 0 \qquad \text{式}(7-28)$$

$$U_E(B_C, A_E) - U_C(B_C, B_E)$$

$$= [K + d_1 + \max(0, P_c - P_m)]Q -$$

$$[K + d_1 - d_2 + \max(0, P_c - P_m) - O_2]Q$$

$$= (d_2 + O_2)Q > 0 \qquad \text{式}(7-29)$$

由式（7-28）和式（7-29）可得，对于燃煤发电企业，最佳策略为履约。基于看跌期权的煤炭中长期合同履约分析如图7-11所示。

图7-11 基于看跌期权的煤炭中长期合同履约分析

从图 7 - 11 中可知，基于看跌期权的煤炭中长期合同优化模型的履约区间为 $(- \infty , c_1 + d_1 + O_2]$。

7.3.4.3　基于双向期权的中长期合同优化

基于上述分析可知，当 $P_m - P_s < -2c_2 - 2d_2$ 时，对于燃煤发电企业，最佳策略为违约；当 $P_m - P_s > 2c_1 + 2d_1$ 时，对于煤炭生产企业，最佳策略为违约。

为有效规避违约风险，煤炭生产企业与燃煤发电企业签订煤炭中长期合同时，煤炭生产企业从期权市场购入同等数量的煤炭看涨期权，燃煤发电企业从期权市场购入同等数量的煤炭看跌期权，同时约定，如果某一方单方违约将承担期权费用。对于煤炭生产企业和燃煤发电企业，最大损失为期权费用，但可以有效规避煤炭市场价格大幅波动导致的违约风险。基于双向期权的得益矩阵如表 7 - 9 所示。

表 7 - 9　　　　　　　　　　　基于双向期权的得益矩阵

主体		燃煤发电企业 E	
		履约 A	违约 B
煤炭生产企业 C	履约 A	$U_C = [\max(P_c, P_m) - C - O_1 + c_1]Q$ $U_E = [K + \max(0, P_c - P_m) + c_2 - O_2]Q$	$U_C = [\max(P_c, P_m) - C + d_2]Q$ $U_E = [K - d_2 + \max(0, P_c - P_m) - O_1 - O_2]Q$
	违约 B	$U_C = [\max(P_c, P_m) - C + d_1 - O_1 - O_2]Q$ $U_E = [K + d_1 + \max(0, P_c - P_m)]Q$	$U_C = [\max(P_c, P_m) - C + d_2 - d_1 - O_1]Q$ $U_E = [K + d_1 - d_2 + \max(0, P_c - P_m) - O_2]Q$

对于煤炭生产企业，此时：

$$U_C(A_C, A_E) - U_C(B_C, A_E)$$
$$= [\max(P_c, P_m) - C - O_1 + c_1]Q -$$
$$[\max(P_c, P_m) - C + d_1 - O_1 - O_2]Q$$
$$= (c_1 + d_1 + O_1 + O_2)Q \qquad\qquad 式(7 - 30)$$
$$U_C(A_C, B_E) - U_C(B_C, B_E)$$
$$= [\max(P_c, P_m) - C + d_2]Q - [\max(P_c, P_m) -$$
$$C + d_2 - d_1 - O_1]Q$$
$$= (d_1 + O_1)Q > 0 \qquad\qquad 式(7 - 31)$$

由式（7-30）和式（7-31）可知，$U_C(A_C, S_G) - U_C(B_C, S_G) > 0$。对于煤炭生产企业，最佳策略为履约。

对于燃煤发电企业，此时：

$$U_E(A_C, A_E) - U_C(A_C, B_E)$$

$$= [K + \max(0, P_c - P_m) + c_2 - O_2]Q -$$

$$[K - d_2 + \max(0, P_c - P_m) - O_1 - O_2]Q$$

$$= (c_2 + d_2 + O_1)Q > 0 \qquad\qquad 式(7-32)$$

$$U_E(B_C, A_E) - U_C(B_C, B_E)$$

$$= [K + d_1 + \max(0, P_c - P_m)]Q -$$

$$[K + d_1 - d_2 + \max(0, P_c - P_m) - O_2]Q$$

$$= (d_2 + O_2)Q > 0 \qquad\qquad 式(7-33)$$

由式（7-32）和式（7-33）可知，$U_E(S_C, A_E) - U_E(S_C, B_E) > 0$。对于燃煤发电企业，最佳策略为履约。

基于双向期权的中长期合同履约分析如图7-12所示。

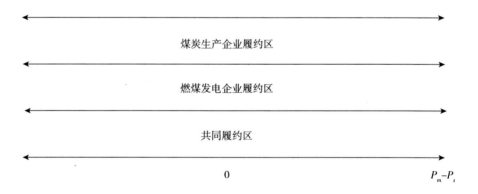

图7-12　基于双向期权的煤炭中长期合同履约分析

分析可知，基于双向期权的煤炭中长期合同履约区间为（$-\infty$, $+\infty$）。

7.3.5　算例分析

为分析煤炭中长期合同履约问题，现假设某煤炭生产企业向某燃煤发电企业供应煤炭，双方签订一份500万吨煤炭的中长期合同，具体参数如表

7 - 10 所示。

表 7 - 10 　　　　　　　　　　参数设置

P_s	535 元/吨
C	370 元/吨
c_1	10 元/吨
c_2	15 元/吨
d_1	50 元/吨
d_2	50 元/吨
K	90 元/吨
Q	500 万吨
O_1	5 元/吨
O_2	5 元/吨

煤炭中长期合同采用"基准价 + 浮动价"定价方式，基准价为 535 元/吨，浮动区间 [500，570]。煤炭生产企业的履约区间和违约区间如表 7 - 11 所示。

表 7 - 11 　　　　　煤炭生产企业的履约区间和违约区间

煤炭生产企业 $P_m - P_s$	履约区间	违约区间
基础情形	$(-\infty, 120]$	$(120, +\infty)$
看涨期权情形	$(-\infty, +\infty)$	
看跌期权情形	$(-\infty, 130]$	$(130, +\infty)$
双向期权情形	$(-\infty, +\infty)$	

燃煤发电的履约区间和违约区间如表 7 - 12 所示。

表 7 - 12 　　　　　燃煤发电企业的履约区间和违约区间

燃煤发电企业 $P_m - P_s$	履约区间	违约区间
基础情形	$[-130, +\infty)$	$(-\infty, -130)$
看涨期权情形	$[-140, +\infty)$	$(-\infty, -140)$
看跌期权情形	$(-\infty, +\infty)$	
双向期权情形	$(-\infty, +\infty)$	

由此可见，对于煤炭生产企业，看涨期权情形和双向期权情形可以保证煤炭生产企业的履约。对于燃煤发电企业，看跌期权情形和双向期权情形可以保证燃煤发电企业的履约。对于双方而言，在双向期权情形下，可以保证煤炭生产企业和燃煤发电企业的履约。

7.4　基于政府授权差价合约的电力中长期合同优化模型

7.4.1　政府授权差价合约分析

（1）差价合约基本概念。差价合约是一种常见的金融衍生工具，可分为政府授权差价合约和市场化差价合约两大类，其中政府授权差价合约可以作为一种进行社会福利二次分配的工具，用于解决不同方面的问题。差价合约的三要素为合约价格、基准价格及合约数量。其中，基准价格为现货市场某个产品的市场价格或市场指数，当基准价格与合约价格不一致时，合约双方按照差价及合约数量进行结算，以锁定价格、规避风险。

（2）政府授权差价合约设计。政府授权差价合约是政府为电力中长期合同双方设计的一种特殊的差价合约，在新加坡、加拿大都有应用。本书的政府授权差价合约按如下规则设置具体参数：一是以电力中长期合同签约电量为差价合约的合约数量。二是以当地燃煤标杆电价为合约基准价格。三是以煤电浮动区间为合约价格区间，实现政府对电力价格的管控。当电力价格上浮达到政府上浮最高价格时，以最高价格结算；当电力价格下浮达到政府下浮最低价格时，以最低价格结算；在政府价格管控区间内的，以中长期合同价格进行结算。政府通过行政强制力量保障政府授权差价合约的履行。

7.4.2　电力中长期合同博弈及其稳定性分析

电力中长期合同是借鉴煤炭中长期合同的经验，同时为了稳定电力供应、推动市场化改革的重要举措，相关假设与煤炭中长期合同相同。为与煤炭中长期合同相关符号相区别，电力中长期合同中相同符号上方加"～"进行区别，为便于研究，本节内容的电价只包括燃煤上网电价中的标杆电价，相关符号定义如表 7 – 13 所示。

表 7 – 13　　　　　　　　　　符号定义

符号	定义
$\tilde{P}_m$	单位电量的市场价格
$\tilde{P}_c$	单位电量的电力中长期合同价格，由基准价 + 浮动价构成，公式为 $\tilde{P}_c = 50\% * \tilde{P}_s + 50\% * \tilde{P}_m$
$\tilde{P}_{max}$	单位电量的最高限制市场价格
$\tilde{P}_{min}$	单位电力最低限制市场价格
$\tilde{P}_s$	单位电量在中长期合同中燃煤上网电价基准价
$\tilde{C}$	单位电量的燃煤发电企业生产成本
$\tilde{c}_1$	燃煤发电企业按中长期合同交易时单位电量所省的交易成本
$\tilde{c}_2$	电力用户按中长期合同交易时单位电量所节省的交易成本
$\tilde{d}_1$	燃煤发电企业违约时单位电量的违约金
$\tilde{d}_2$	电力用户违约时单位电量的违约金
R	电力用户单位电量下生产的纯利润
$\tilde{Q}$	电量中长期合同的签约电量
$\tilde{\psi}$	电力中长期合同履约率
U_F	燃煤发电企业的效用函数
U_Y	用电企业的效用函数

电力中长期合同中燃煤发电企业 F 和电力用户 Y 在履约（A）、违约（B）情况的收益，如表 7 – 14 所示。

表 7 – 14　　电力中长期合同下燃煤发电企业与电力用户的得益矩阵

主体		电力用户 Y	
		履约 A	违约 B
燃煤发电企业 F	履约 A	$U_E = (\tilde{P}_c - \tilde{C} + \tilde{c}_1)\tilde{Q}$	$U_E = (P_m - C + d_2)\tilde{Q}$
		$U_Y = (R + \tilde{P}_m - \tilde{P}_c + \tilde{c}_2)\tilde{Q}$	$U_Y = (R - d_2)\tilde{Q}$
	违约 B	$U_E = (\tilde{P}_m - \tilde{C} - \tilde{d}_1)\tilde{Q}$	$U_E = (\tilde{P}_m - \tilde{C} + \tilde{d}_2 - \tilde{d}_1)\tilde{Q}$
		$U_Y = (R + \tilde{d}_1)\tilde{Q}$	$U_Y = (R + \tilde{d}_1 - \tilde{d}_2)\tilde{Q}$

在电力中长期合同履行过程中，燃煤发电企业和电力用户的决策取决于各自的收益，煤炭市场价格波动分析如下：

（1）电力市场价格大幅下跌。当电力市场价格低于中长期合同价格时，燃煤发电企业期望履约向电力用户供应高于市场价格的电力，电力用户期望违约向电力现货市场购买低价的电力。同理可得，在电力市场价格大幅下跌时，$U_F(A_F, S_Y) - U_F(B_F, S_Y) > 0$。对于燃煤发电企业，最佳策略为履约。当 $\tilde{P}_m - \tilde{P}_s \geqslant -2\tilde{c}_2 - 2\tilde{d}_2$ 时，对于电力用户，最佳策略为履约，电力中长期合同博弈结果为（履约，履约）；当 $\tilde{P}_m - \tilde{P}_s < -2\tilde{c}_2 - 2\tilde{d}_2$，对于电力用户，最佳策略为违约，电力中长期合同博弈结果为（履约，违约）。

（2）电力市场价格大幅上涨。当电力市场价格高于中长期合同价格时，燃煤发电企业期望违约向电力现货市场供应高于中长期合同价格的电力，电力用户期望履约向燃煤发电企业购买低价的电力。同理可得，在电力市场价格大幅上涨时，$U_F(S_F, A_Y) - U_F(S_F, B_Y) > 0$。对于电力用户，最佳策略为履约。当 $\tilde{P}_m - \tilde{P}_s \leqslant 2\tilde{c}_1 + 2\tilde{d}_1$ 时，对于燃煤发电企业，最佳策略为履约，电力中长期合同博弈结果为（履约，履约）；当 $\tilde{P}_m - \tilde{P}_s > 2\tilde{c}_1 + 2\tilde{d}_1$，对于燃煤发电企业，最佳策略为违约，电力中长期合同博弈结果为（违约，履约）。

综上分析可知，电力中长期合同履约分析如图 7-13 所示。

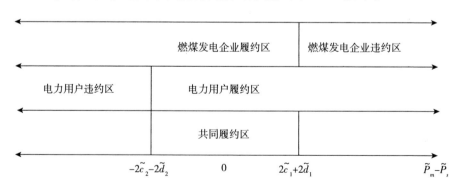

图 7-13　电力中长期合同履约分析

7.4.3　电力中长期合同稳定性及影响因素分析

7.4.3.1　期望值 μ 对煤炭中长期合同稳定性影响

具体假设和推导过程同 7.3.2 煤炭中长期合同稳定性及影响因素分析。同理可得，履约率为：

$$\widetilde{\psi} = \frac{1}{\sqrt{2\pi}}\left(\int_{-\infty}^{2\widetilde{c}_1 + 2\widetilde{d}_1 - \mu} e^{-\frac{t^2}{2}} + \int_{-\infty}^{2\widetilde{c}_2 + 2\widetilde{d}_2 + \widetilde{\mu}} e^{-\frac{t^2}{2}} \right) - 1 \qquad 式(7-34)$$

当期望值 $\widetilde{\mu} = \widetilde{c}_1 + \widetilde{d}_1 - \widetilde{c}_2 - \widetilde{d}_2$，履约率 $\widetilde{\psi}$ 取值最大，且其最大值为：

$$\widetilde{\psi} = \frac{c_1 + d_1 - c_2 - d_2}{\sqrt{2\pi}} - 1 \qquad 式(7-35)$$

由式（7-35）可知，电力中长期合同履行过程中最大履约率受到交易节省费用和违约金的影响，因此优化中长期合同交易机制，合理设计中长期合同违约金条款将有利于提高电力中长期合同的履约率。

7.4.3.2　燃煤发电企业交易节省费用 $\widetilde{c}_1$ 和电力用户交易节省费用 $\widetilde{c}_2$ 对煤炭中长期合同稳定性影响

对式（7-35）分别关于 $\widetilde{c}_1$，$\widetilde{c}_2$ 求导，可得：

$$\frac{\partial \widetilde{\psi}}{\partial \widetilde{c}_1} = \frac{2}{\sqrt{2\pi}} e^{-\frac{(2c_2 + 2d_2 + \mu)^2}{2}} > 0 \qquad 式(7-36)$$

$$\frac{\partial \widetilde{\psi}}{\partial \widetilde{c}_2} = \frac{2}{\sqrt{2\pi}} e^{-\frac{(2c_1 + 2d_1 - \mu)^2}{2}} > 0 \qquad 式(7-37)$$

由式（7-36）、式（7-37）可知，煤燃煤发电企业交易节省费用 $\widetilde{c}_1$ 和电力用户交易节省费用 $\widetilde{c}_2$ 的增加，可以提高电力中长期合同的稳定性。

7.4.3.3　燃煤发电企业违约金 $\widetilde{d}_1$ 和电力用户违约金 $\widetilde{d}_2$ 对中长期合同稳定性影响

对式（7-35）分别关于 $\widetilde{d}_1$，$\widetilde{d}_1$ 求导，可得：

$$\frac{\partial \widetilde{\psi}}{\partial \widetilde{d}_1} = \frac{2}{\sqrt{2\pi}} e^{-\frac{(2c_2 + 2d_2 + \mu)^2}{2}} > 0 \qquad 式(7-38)$$

$$\frac{\partial \widetilde{\psi}}{\partial \tilde{d}_2} = \frac{2}{\sqrt{2\pi}} e^{-\frac{(2c_1 + 2\tilde{d}_1 - p_s)^2}{2}} > 0 \qquad\qquad 式（7-39）$$

由式（7-38）、式（7-39）可知，燃煤发电企业违约金 $\tilde{d}_1$ 和电力用户违约金 $\tilde{d}_2$ 的增加，可以提高电力中长期合同的稳定性。

基于上述分析，燃煤发电企业和电力用户均有违约的可能，笔者对如何利用差价合约的风险规避功能来有效解决中长期合同中的高违约率问题加以探讨。

7.4.4 电力中长期合同优化

本书中的政府授权差价合约是指在有限竞争市场，产品价格政府限制最高价格和最低价格，市场交易只能在此价格区间波动，从而有效地减少价格异常波动。2020 年，我国实现煤电浮动机制，即"基准价 + 上下浮动"的市场化价格机制，基准价按当地现行燃煤发电标杆上网电价确定，上下浮动区间由国家发展改革委确定。从上述分析可以看出，电力市场属于有限竞争市场，对于市场电价有最高限价和最低限价。本书将政府授权差价合约应用到电力中长期合同稳定性分析中。

当政府限价浮动范围较大，$\tilde{P}_{max} - \tilde{P}_s > 2\tilde{c}_1 + 2\tilde{d}_1$，$\tilde{P}_{min} - \tilde{P}_c < -2\tilde{c}_2 - 2\tilde{d}_2$ 时，博弈分析如图 7-14 所示。

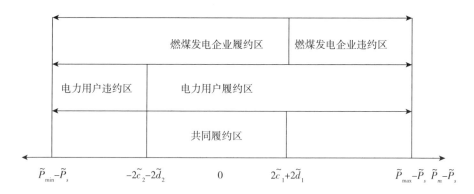

图 7-14 政府限价浮动范围较大的电力中长期合同履约分析

当政府限价浮动范围较小，当 $\widetilde{P}_{max} - \widetilde{P}_s \leqslant 2\widetilde{c}_1 + 2\widetilde{d}_1$ 时，无论电力用户采取什么策略，燃煤发电企业都会履约。当 $\widetilde{P}_{min} - \widetilde{P}_c \geqslant -2\widetilde{c}_2 - 2\widetilde{d}_2$ 时，无论燃煤发电企业电力用户采取什么策略，电力用户都会履约。此时，基于政府授权差价合约的中长期合同履行分析如图 7-15 所示。

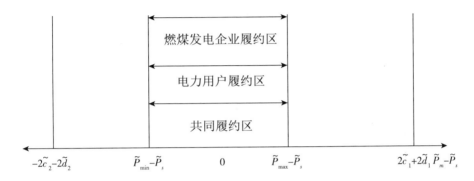

图 7-15　政府限价浮动范围较小的电力中长期合同履约分析

由此可见，在电力市场化改革初期，政府授权下的限价型差价合约有利于电力中长期合同的履行。

7.4.5　算例分析

为分析电力中长期合同的违约问题，现假设某燃煤发电企业向某电力用户供电，双方签订一份 700 万千瓦时的电力中长期合同，具体参数如表 7-15 所示。

表 7-15　　　　　　　　　　参数设置

符号	参数
$\hat{P}_s$	0.6 元/千瓦时
$\widetilde{C}$	0.3 元/千瓦时
$\widetilde{c}_1$	0.008 元/千瓦时
$\widetilde{c}_2$	0.006 元/千瓦时
$\widetilde{d}_1$	0.03 元/千瓦时
$\widetilde{d}_2$	0.04 元/千瓦时
R	0.01 元/千瓦时
$\widetilde{Q}$	700 万千瓦时

电力中长期合同采用"基准价 + 浮动价"定价方式,基准价为 0.6,浮动区间为 [0.51,0.66]。根据分析可以得出生产企业履约区间和违约区间,如表 7 - 16 所示。

当单位电量为最高限价时,$\tilde{P}_{max} - \tilde{P}_s = 0.06$;当单位电量为最低限价时,$\tilde{P}_{min} - \tilde{P}_s = -0.09$;由此可知,不同情形下的电力中长期合同履约区间。

燃煤发电企业的履约区间和违约区间如表 7 - 16 所示。

表 7 - 16　　　　　燃煤发电企业的履约区间和违约区间

燃煤发电企业 $\tilde{P}_m - \tilde{P}_s$	履约区间	违约区间
基础情形	$(-\infty, 0.076]$	$(0.076, +\infty)$
政府授权差价合约情形	$[-0.09, 0.06]$	

政府授权差价合约模型显示,浮动范围不大时,可以保证燃煤发电企业的履约。

电力用户的履约区间和违约区间如表 7 - 17 所示。

表 7 - 17　　　　　电力用户的履约区间和违约区间

电力用户 $\tilde{P}_m - \tilde{P}_c$	履约区间	违约区间
基础情形	$[-0.098, +\infty)$	$(-\infty, 0.098)$
政府授权差价合约情形	$[-0.09, 0.06]$	

政府授权差价合约模型显示,浮动范围不大时,可以保证电力用户的履约。在电力市场化改革过程中,初期的浮动价格管控可以较好地保证电力中长期合同的履行。

7.5　本章小结

本章研究探讨了基于金融衍生工具的煤电能源供应链中长期合同优化模型,首先分析国内外中长期合同发展历史,煤炭中长期合同推行影响因素,煤炭价格和电力价格的合理区间,为未来中国煤炭中长期合同和电力中长期合同交易提供有益的探索。其次,基于期权建立煤炭中长期合同优化模型,探讨了煤炭生产企业和燃煤发电企业的履约区间，利用期权理论分别设置了看涨期权、看跌期权和双向期权三种期权模型，对煤炭中长期合同进行优化，并通过算例进行分析。最后，分析了电力中长期合同稳定性及履约区间，不同参数对电力中长期合同稳定性的影响，在煤电浮动机制下，提出一种政府授权差价合约对电力中长期合同进行优化。研究表明，中长期合同存在一定的违约风险，通过期权理论和政府授权差价合约设计可以有效规避中长期合同违约风险，保障履约率。基于金融衍生工具的煤电能源供应链中长期合同优化模型能够很好地协调煤炭生产企业和燃煤发电企业之间，以及燃煤发电企业和电力用户的利益，规避价格风险，更符合中国煤电市场未来发展的实际情况。

第8章 政策建议与展望

近年来，随着中国经济增速进入新常态，煤炭和煤电产能过剩现象严重，在供给侧结构性改革推动下，煤炭和煤电产能过剩问题得到有效化解，但煤炭与电力间的矛盾仍然十分突出，这使促进煤电能源供应链协调运行成为社会关注的焦点。中国煤炭和电力工业，在过去70年取得了非凡的成就，但煤炭在一次能源生产和消费中的比重在下降，燃煤发电的装机容量和发电量比重也在下降。受制于碳排放权交易机制和可再生能源电力消纳保障机制的实施，煤电能源供应链面临被替代和成本增加的风险。新的政策环境带来新的机遇和风险，为了保障煤电能源供应链协调运行，需研究不同政策对其影响及对策。

在过去的一段时间里，国家为改善煤电能源供应链协调运行出台了一系列的相关政策，在这些政策下运行模型研究煤电能源供应链，对于提升煤电能源供应链协调运行有着重要的理论价值和实际意义。因此，本文以煤电能源供应链协调运行为研究对象，深入分析煤炭与电力周期性冲突原因，并讨论不同政策下煤电能源供应链的协调运行机制及优化模型，主要研究总结及展望如下：

（1）梳理了煤电能源供应链协调运行机制及优化的研究成果与理论，论证了本书研究的可行性和必要性。首先，从煤电能源供应链协调运行机制、煤电能源供应链协调运行机制相关政策和中长期合同优化三个方面总结了国内外研究现状。然后，介绍了国内煤炭与电力协调运行政策分析，总结了南非、美国、英国、日本、澳大利亚和德国等国家煤炭与电力协调运行政策分析，针对中国煤电能源供应链协调运行现状，给出了相应的经验启示。最后，结合煤炭和电力、燃煤发电污染、煤电周期性冲突和新能源替代等中国煤电能源供应链协调运行发展现状，提出了煤电能源供应链协调运行中存在的问题，为深入研究煤电能源供应链协调运行机制及优化模型奠定了理论依据。

（2）构建了低碳政策下煤电能源供应链协调运行机制模型。首先，低碳政策分为技术升级政策和市场交易政策，当前我国在超低排放技术方面已处于世界前列，75%的燃煤机组为超低排放机组，形成了全球最大的煤电清洁能源发电体系，进一步减排潜力有限，但市场交易政策处于起步阶段，2020年正式实施碳排放权交易机制和可再生能源电力消纳保障机制，未来发展空间巨大。其次，受碳排放权配额和可再生能源电力消纳量的限制，分析了碳排放权和可再生能源相关参数对煤电能源供应链相关企业在非合作和合作两种情形下收益的影响。最后，研究了在可再生能源电力消纳保障机制下，电力用户在绿色电力证书交易市场中，运用资金现金价值模型分析了光伏绿色电力证书和风电绿色电力证书的最高市场价格和最低市场价格，同时设计一套基于优惠价格的一对多市场交易机制，为电力用户采购绿色电力证书完成可再生能源电力消纳量提出降低成本建议。研究最后表明，低碳政策对煤电能源供应链企业收益有一定的影响，企业可以通过多种手段降低其影响，进而增加收益。

（3）构建了去产能政策下煤电能源供应链协调运行机制模型。首先，去产能分为政府去产能和市场去产能，政府去产能是通过国家行政力量强制化解过剩产能，市场去产能是企业根据市场需求自主去产能。其次，在政府去产能方面，考虑了去产能指标和产能补贴对市场价格的影响，以煤炭市场为例，构建了多个市场竞争模型，对煤炭市场竞争力进行了算例仿真分析。最后，在市场去产能方面，构建了煤炭去产能量和煤电去产能量计算模型，构建煤电能源供应链协调去产能模型，设置多个参数，运用数学模型分析不同参数变化对去产能率的影响，并进行了算例仿真分析。研究最后表明，去产能过程应注重法治化手段和市场化手段相结合，政府通过法治化手段解决市场失灵导致的产能过剩问题，市场通过市场化手段解决资源最优配置问题。

（4）构建了煤电联营政策下煤电能源供应链协调运行机制模型。首先，研究了煤炭联营政策、进展及其实施效果，从煤电联营数据来看，煤炭联营企业占比有一定增长，但是比例还不高；从煤电联营经营效果来看，煤电联营可以抵御市场风险，改善企业经营业绩。其次，构建煤电能源供应链纵向决策模型，以一条含多个煤炭生产企业、燃煤发电企业和煤电联营企业的复杂煤电能源供应链为例，得出企业进行煤电联营的市场条件，并进行算例仿真分析。再次，研究了煤电联营政策下煤电能源供应链纵向一体化效应，以一条含煤炭生产企业、煤炭贸易企业和燃煤发电企业的煤电能源供应链为例，进一步运用纵向一体化决策模型和纵向独立决策模型计算纵向一体化新增收益，运用鲁宾斯坦讨价还价模型对总收益进行分配，并运用算例进行仿真分析。最后，构建煤电能源供应链纵向一体化推进机制模型，分析地方政府和能源企业在实施纵向一体化项目时策略选择，基于演化博弈模型分析不同参数条件变化对地方政府和能源企业决策的影响，并运用算例进行仿真分析。研究表明，煤电联营政策可以有效规避煤电周期性冲突，是煤电能源供应链平稳发展的一种重要经营情形，同时，为地方政府进一步推进煤电能源供应链纵向一体化提出政策建议。

（5）构建了基于金融衍生工具的煤电能源供应链中长期合同优化模型。首先，研究了煤炭和电力中长期合同发展及其新变化，分析了煤炭中长期合同影响因素和煤炭价格、电力价格的合理区间，为进一步完善中长期合同进行了探索。其次，分析了煤炭中长期合同稳定性及履约区间，不同参数对煤炭中长期合同稳定性的影响，利用期权理论，分别设置了看涨期权、看跌期权和双向期权三种期权模型对煤炭中长期合同进行优化。最后，分析了电力中长期合同稳定性及履约区间，不同参数对电力中长期合同稳定性的影响，在煤电浮动机制下，提出一种政府授权差价合约对电力中长期合同进行优化。研究表明，中长期合同存在一定的违约风险，通过期权理论和政府授权差价合约设计可以有效规避中长期合同违约风险，保障履约率。模型能够很好地协调煤炭生产企业和燃煤发电企业之间，以及燃煤发电企业和电力用户之间的利益，规避价格风险。本书将中长期合同双方之间的金融衍生工具视为一种合作行为，运用合作博弈理论构建了基于金融衍生工具的煤电能源供应链中长期合同优化模型，更符合中国煤电市场未来发展的实际情况。

参考文献

［1］王双明. 对我国煤炭主体能源地位与绿色开采的思考［J］. 中国煤炭，2020，46（2）：11－16.

［2］武芳芳. 供给侧改革对上市煤企财务压力的影响分析［J］. 煤炭经济研究，2018，38（7）：78－83.

［3］邹筱，张玲，张世良. 基于梯次存贮模型的供应链管理库存控制策略［J］. 统计与决策，2015，（2）：176－178.

［4］Rioux B.，Galkin P.，Murphy F.，et al. Economic impacts of debottle-necking congestion in the Chinese coal supply chain［J］. Energy Economics，2016，60：387－399.

［5］王保忠，何炼成. 对我国煤电冲突问题的再认识［J］. 经济纵横，2012，（5）：36－39.

［6］胡涛. 关于"电煤""市场煤"价格双轨制的社会福利分析［J］. 经济科学，2008，（6）：58－65.

［7］于立，王建林. 纵向价格双轨制："电荒"的经济分析与出路［J］. 中国工业经济，2008，（10）：43－52.

［8］陈聪，彭武元. 中国煤电价格联动政策回顾与评析［J］. 中国地质大学学报（社会科学版），2009，9（1）：45－49.

［9］林伯强. 中国电力工业发展：改革进程与配套改革［J］. 管理世界，2005，（8）：65－79＋171－172.

［10］张斌成. 煤电价格联动机制创新的背景、挑战与举措［J］. 西安交通大学学报（社会科学版），2012，32（6）：20－24.

［11］王芳，张薇. 煤电联动政策下火电企业盈余管理行为研究［J］. 财会通讯，2018，（2）：94－99.

［12］沈小龙，贾仁安．我国煤电价格联动机制研究——基于系统动力学的视角分析［J］．价格理论与实践，2012，（11）：23－24.

［13］沈小龙，贾仁安．转型期煤电联动相关管制政策实施成效仿真评价［J］．电力系统自动化，2012，36（22）：55－61.

［14］赵毅，张晶杰，王志轩．改革煤电价格机制对电力转型影响研究［J］．价格理论与实践，2019，（10）：14－19.

［15］赵晓丽，乞建勋．供应链不同合作模式下合作利益分配机制研究——以煤电企业供应链为例［J］．中国管理科学，2007，（4）：70－76.

［16］赵晓丽，乞建勋．煤电企业供应链合作冲突规制模型［J］．中国管理科学，2008，（4）：96－103.

［17］李永卓．基于战略联盟的煤电供应链管理研究［J］．中国矿业，2010，19（S1）：71－74.

［18］王华清，宋学锋．煤运电产业链纵向关系研究现状述评与展望［J］．中国矿业，2009，18（9）：116－120.

［19］张青．煤炭企业价值链延伸与升级的案例研究［J］．管理世界，2007，（4）：168－169.

［20］彭蓬．煤炭企业价值链延伸的研究与实践［J］．中国煤炭，2008，34（12）：23－26.

［21］梁玲，龚海涛，刘鲁浩．基于煤电产业链的煤炭产业转型策略［J］．福建论坛（人文社会科学版），2014，（10）：13－17.

［22］朱大庆，欧国立．煤电一体化的若干问题与政策建议［J］．宏观经济管理，2013，（7）：67－68＋71.

［23］张华明．产业纵向结构视角下的山西煤电一体化发展对策［J］．宏观经济管理，2017，（6）：81－85.

［24］罗莎莎．计及碳排放权的电能量市场交易问题研究［D］．北京：华北电力大学，2012.

［25］陈俐，张翔宇，鞠立伟，等．南方电网西电东送碳排放权初始配额分配新方法［J］．中国电力，2016，49（4）：170－173.

［26］范晓亮．碳交易机制下发电企业碳排放权的确认、计量与披露研

究［D］.北京：北京交通大学，2019.

［27］雷涛，鞠立伟，彭道鑫，等.计及碳排放权交易的风电储能协同调度优化模型［J］.华北电力大学学报（自然科学版），2015，42（3）：97－104.

［28］陈俐，彭道鑫，张翔宇，等.计及碳排放权交易与需求响应的风电并网调度优化模型［J］.华北电力大学学报（自然科学版），2016，43（1）：104－110.

［29］王强，谭忠富，谭清坤，等.我国绿色电力证书定价机制研究［J］.价格理论与实践，2018，（1）：74－77.

［30］于雄飞，郭雁珩.绿色电力证书定价动态模型及交易策略研究［J］.水力发电，2018，44（6）：94－97.

［31］张浩，赵清松，石建磊，等.中国绿色电力证书交易定价决策研究［J］.价格理论与实践，2019，（9）：42－45.

［32］张木梓.国际绿色电力证书交易机制经验及启示［J］.风能，2016，（11）：60－63.

［33］刘文平.绿色电力证书交易机制研究［J］.工程技术研究，2017，（8）：16＋27.

［34］王强.煤电能源供应链协调运行机制及优化模型研究［D］.北京：华北电力大学，2020.

［35］周晓洁，彭谦，杨睿，等.绿色电力证书交易影响下计及输电阻塞影响的综合型能源发售电商竞价策略研究［J］.电网技术：1－8.

［36］唐金平.绿色电力证书交易对新能源发电企业经营发展的影响［J］.太阳能，2017，（5）：16－18＋22.

［37］徐争荣.生态文明机制下我国可再生能源投融资困境研究——基于绿色电力证书交易的思考［J］.企业科技与发展，2018，（10）：21－23.

［38］段茂盛.全国碳排放权交易体系与节能和可再生能源政策的协调［J］.环境经济研究，2018，3（2）：1－10.

［39］陈玉荣，张腾.我国供给侧结构性改革中去产能研究［J］.改革与战略，2017，33（4）：21－23＋27.

［40］卢柯帆．美国钢铁行业去产能措施及启示［J］．宏观经济研究，2017，（10）：108－112．

［41］辛灵，王大树，高鹏飞．美国和日本政策助力去产能的经验借鉴［J］．亚太经济：1－7．

［42］仇桂且．浅析淮安工业去产能的现状、路径与对策［J］．中国集体经济，2019，（31）：42－43．

［43］张茂法．龙岩市煤炭行业去产能面临的挑战及对策建议［J］．江西煤炭科技，2019，（4）：127－129．

［44］周伏秋，王娟．煤炭行业进一步去产能的思考与建议［J］．宏观经济管理，2017，（11）：12－16．

［45］朱亮峰，朱学义．煤炭去产能转机情况分析与对策［J］．财务与会计，2018，（6）：67－69．

［46］李全，陈扬．供给侧结构性改革中"去产能"政策阶段性效果研究——基于上市公司视角［J］．河南社会科学，2019，27（7）：70－75．

［47］刘斌，张列柯．去产能粘性粘住了谁：国有企业还是非国有企业［J］．南开管理评论，2018，21（4）：109－121＋147．

［48］郑伟宏，李欢，刘秀，等．政策执行效果审计与企业"去产能"——基于煤炭上市公司的经验数据［J］．财会月刊，2018，（16）：149－158．

［49］孔翔，卞继超．"去产能"对中国能源安全的影响初探［J］．工业技术经济，2018，37（4）：141－147．

［50］李晓瑜，姚西龙．基于动态CGE模型的陕西省煤炭去产能战略的影响评价研究［J］．煤炭工程，2019，51（4）：157－160．

［51］李志俊，原鹏飞．去产能战略的影响评价及建议——基于动态CGE模型的研究［J］．中国软科学，2018，（1）：10－18．

［52］康俊杰，李晶晶，王一惠，等．"自下而上"煤电去产能的路径与政策研究［J］．中国煤炭，2019，45（9）：24－29．

［53］袁家海，张文华．中国煤电过剩规模量化及去产能路径研究［J］．中国能源，2017，39（8）：14－20．

［54］邢璐，徐晓阳，鲁刚，等．我国煤电产能分析及调控对策建议
［J］．环境保护，2017，45（21）：44－47．

［55］李太平，佘正昊．供给侧结构性改革下制造业去产能与市场集中度
关系［J］．企业经济，2018，37（7）：98－105．

［56］王强，谭清坤，谭忠富．计及去产能政策的光伏制造业国际竞争力
模型研究［J］．电力系统保护与控制，2018，46（16）：60－67．

［57］武承厚．对煤炭市场与煤电联营的几点看法［J］．中国煤炭，
2006（4）：16－19．

［58］杨敏英．"煤电联营"是煤炭和电力行业可持续发展的重要手段
［J］．煤炭经济研究，2004，（12）：14．

［59］彭北桦，苏新旭，张博．南非煤炭资源开发前景研究［J］．中国煤
炭，2017，43（7）：165－169．

［60］贾晶莹，马占新．煤电联营企业经济状况效率分析与实证［J］．
统计与决策，2009，（11）：89－91．

［61］桂良军，谷增军，乔英伟．基于政府规制的我国煤电企业收益协调
机制设计［J］．中国软科学，2012（7）：159－168．

［62］吴亚平．我国煤电联营发展情况分析和措施建议［J］．煤炭工程，
2016，48（12）：138－141．

［63］过广华，袁书强．煤电资源产业链结构与创新融资模式研究［J］．
中国矿业，2017，26（10）：58－64＋75．

［64］曲文中．均股煤电联营企业公司治理结构实践与研究［J］．煤炭
经济研究，2006（9）：46－48．

［65］姜智敏．煤炭中长期合同制度是市场的"稳定器""压舱石"
［J］．中国煤炭工业，2018（5）：7－8．

［66］周宏春．电煤中长期合同实施效果与促进对策［J］．中国电业，
2019（2）：6－9．

［67］刘勇．煤炭中长协有待继续完善［N］．2018－08－06．

［68］王志涛．煤企实施中长期合同研究［J］．中国国际财经（中英
文），2018（5）：259．

［69］宋永华，孙静．美国电煤市场及其对我国的启示［J］．电力技术经济，2009，21（3）：1－6＋12.

［70］叶春．重构煤电产业链对策［J］．广西电业，2008（7）：5－9.

［71］李琼．中国电力行业煤电联动价格规制研究［D］．沈阳：辽宁大学，2016.

［72］赵慧娥，孙林．我国"公司＋农户"型产业化组织不稳定的原因及对策［J］．经济纵横，2004（5）：23－25.

［73］丁慧．"公司＋农户"模式存在的原因及其稳定存在的条件［J］．甘肃农业，2005（12）：30.

［74］张玲，周玉玺．"公司＋农户"模式下肉鸡养殖户对契约稳定的感知度调查分析［J］．新疆农垦经济，2014（9）：14－18.

［75］张玲，周霞，齐菲．交易成本约束下肉鸡产业"公司＋农户"关系契约稳定机制研究［J］．山东农业大学学报（社会科学版），2015，17（1）：55－59＋114.

［76］冯春，方晓舒，李启洋，等．"公司＋农户"型订单农业供应链稳定性分析［J］．交通运输工程与信息学报，2017，15（4）：18－23.

［77］王华清．基于产业链价值创造的煤电企业战略协同研究［D］．徐州：中国矿业大学，2009.

［78］于立宏．需求波动下的中国煤电产业链纵向安排与经济规制研究［D］．上海：复旦大学，2006.

［79］于文浩，赵栩．煤炭购销契约模式研究［J］．中国经贸导刊，2016（5）：11－14.

［80］吕靖，陈洁．煤炭企业海运定价模式及策略研究［J］．中国煤炭，2010，36（7）：17－20.

［81］宋雅楠，张璋．"公司＋合作社＋农户"模式的契约治理及实践——以湖北省某县果品专业合作社为例［J］．经济论坛，2019，（1）：78－84.

［82］李清明，睢党臣．乡村振兴战略下"公司＋农户"模式的风险及化解［J］．云南行政学院学报，2020，22（1）：157－163.

［83］刁鹏飞，刁昊飞．基于信用违约互换的"公司＋农户"模式优化
［J］．广东开放大学学报，2018，27（5）：99－102．

［84］李睿麟．基于CVaR的"公司＋农户"型订单农业供应链协调契约机制［J］．中国新通信，2019，21（9）：232．

［85］涂国平，冷碧滨．利用期货市场规避"公司＋农户"违约风险的博弈分析［J］．安徽农业科学，2009，37（8）：3792－3794．

［86］涂国平，冷碧滨．基于博弈模型的"公司＋农户"模式契约稳定性及模式优化［J］．中国管理科学，2010，18（3）：148－157．

［87］刘琦铀，张成科，冷碧滨．供应链契约稳定性及其在期权博弈视角下的优化［J］．中国管理科学，2016，24（3）：71－79．

［88］王雨佳．能源产业链整合与企业生产效率——以煤电纵向一体化为例［J］．北京理工大学学报（社会科学版），2019，21（4）：29－38．

［89］郭青．基于CiteSpace的煤电领域研究知识图谱分析［J］．煤炭经济研究，2019，39（10）：70－77．

［90］朱东波．习近平绿色发展理念：思想基础、内涵体系与时代价值［J］．经济学家，2020（3）：5－15．

［91］庄贵阳，薄凡，张靖．中国在全球气候治理中的角色定位与战略选择［J］．世界经济与政治，2018（4）：4－27＋155－156．

［92］徐军委．产能过剩视角下我国煤炭企业转型发展探索［J］．工业安全与环保，2017，43（5）：1－3＋8．

［93］乔小乐，宋林．中国煤炭企业的产能过剩——程度测算、演变特征与影响因素［J］．北京理工大学学报（社会科学版），2019，21（5）：19－29．

［94］骆子雅，季天瑶，荆朝霞，等．电力差价合约机制设计与应用［J］．电网技术，2019，43（8）：2743－2751．

［95］黄建军，李英．销售渠道的纵向一体化或分离研究［J］．统计与决策，2011（18）：181－182．

［96］王科，肖刚，周泓．寡头竞争市场产业链纵向关系治理研究——以大型客机产业为例［J］．科技管理研究，2012，32（5）：100－105．

［97］Hayami H. , Nakamura M. , Nakamura A. O. Economic performance and supply chains: The impact of upstream firms′waste output on downstream firms ′performance in Japan ［J］. International Journal of Production Economics, 2015, 160: 47 – 65.

［98］Clancy J. M. , Curtis J. , O′gallachoir B. Modelling national policy making to promote bioenergy in heat, transport and electricity to 2030 – Interactions, impacts and conflicts ［J］. Energy Policy, 2018, 123: 579 – 593.

［99］Linnik V. G. , Minkina T. M. , Bauer T. V. , et al. Geochemical assessment and spatial analysis of heavy metals pollution around coal – fired power station ［J］. Environmental geochemistry and health, 2019.

［100］Oetari P. S. , Hadi S. P. , Huboyo H. S. Trace elements in fine and coarse particles emitted from coal – fired power plants with different air pollution control systems ［J］. Journal of Environmental Management, 2019, 250.

［101］Oliveira M. L. S. , Pinto D. , Tutikian B. F. , et al. Pollution from uncontrolled coal fires: Continuous gaseous emissions and nanoparticles from coal mines ［J］. Journal of Cleaner Production, 2019, 215: 1140 – 1148.

［102］Albani A. , Ibrahim M. Z. , Yong K. H. The feasibility study of offshore wind energy potential in Kijal, Malaysia: the new alternative energy source exploration in Malaysia ［J］. Energy Exploration & Exploitation, 2014, 32 （2）: 329 – 344.

［103］Dutra R. M. , Szklo A. S. Incentive policies for promoting wind power production in Brazil: Scenarios for the Alternative Energy Sources Incentive Program （PROINFA） under the New Brazilian electric power sector regulation ［J］. Renewable Energy, 2008, 33 （1）: 65 – 76.

［104］Ibanez L. A. S. , Moratilla S. B. Y. An assessment of Spain′s new alternative energy support framework and its long – term impact on wind power development and system costs through behavioral dynamic simulation ［J］. Energy, 2017, 138: 629 – 646.

［105］Fan J. L. , Ke R. Y. , Yu S. , et al. How does coal – electricity price linkage impact on the profit of enterprises in China? Evidence from a Stackelberg game model [J]. Resources Conservation and Recycling, 2018, 129: 383 – 391.

[106] Jiao J. L., Ge H. Z., Wei Y. M. Impact analysis of China's coal – electricity price linkage mechanism: Results from a game model [J]. Journal of Policy Modeling, 2010, 32 (4): 574 – 588.

[107] Li H. Z., Tian X. L., Zou T. Impact analysis of coal – electricity pricing linkage scheme in China based on stochastic frontier cost function [J]. Applied Energy, 2015, 151: 296 – 305.

[108] Zhang S., Zhao X., Society I. C. Value creation of supply chain cooperation: Theory with evidence from Chinese coal and power enterprises [C]. 3rd International Conference on Management of e – Commerce and e – Government, 2009: 347 – 350.

[109] Wang Y., Huan Z., Mao J. Study on price discovery of European Union carbon – emission rights trading market and enlightenment [C]. International Conference on Manufacture Engineering and Environment Engineering, 2014: 905 – 910.

[110] Fang G., Liu M., Tian L., et al. Optimization analysis of carbon emission rights allocation based on energy justice – The case of China [J]. Journal of Cleaner Production, 2018, 202: 748 – 758.

[111] Wang Y., Zhao H., Duan F., et al. Initial provincial allocation and equity evaluation of China's carbon emission rights – based on the improved TOPSIS method [J]. Sustainability, 2018, 10 (4).

[112] Duan F., Wang Y., Wang Y., et al. Estimation of marginal abatement costs of $CO2$ in Chinese provinces under 2020 carbon emission rights allocation: 2005 – 2020 [J]. Environmental Science and Pollution Research, 2018, 25 (24): 24445 – 24468.

[113] Zhu Y. P., Feng W., Fan L. Z. An evolutonary game study on implementation of energy efficiency power plans between government and enterprise considering carbon emission right trading [J]. Applied Ecology and Environmen-

tal Research, 2019, 17 (1): 699 – 722.

[114] Ge S., Yu X., Zhou D., et al. The Integrated effect of carbon emissions trading and pollution rights trading for power enterprises: A case study of Chongqing [J]. Sustainability, 2019, 11 (11).

[115] Zhang C., Xu J., Cheng F. Equilibrium decision research on closed – loop supply chain network based upon carbon emission rights constraint and risk aversion [C]. 5th International Conference on Information Science and Control Engineering, 2018: 206 – 215.

[116] Wang H., Wang L., Shi S., et al. Research on US green certificate trading mechanism experience and domestic implementation prospects [C]. 4th International Conference on Advances in Energy Resources and Environment Engineering, 2019.

[117] Nicoloiu R., Ionel I., Voda I., et al. The evolution of green certificate support scheme for promoting renewable energy in Romania [C]. 8th International Conference on Energy and Environment, 2017: 359 – 362.

[118] Kurbatova T. O. Theoretical foundations of tradable green certificates system formation in Ukraine [J]. Marketing and Management of Innovations, 2017, (4): 374 – 383.

[119] Wedzik A., Siewierski T., Szypowski M. Green certificates market in Poland – the sources of crisis [J]. Renewable & Sustainable Energy Reviews, 2017, 75: 490 – 503.

[120] Finjord F., Hagspiel V., Lavrutich M., et al. The impact of Norwegian – Swedish green certificate scheme on investment behavior: A wind energy case study [J]. Energy Policy, 2018, 123: 373 – 389.

[121] Zhao X. G., Zhou Y., Zuo Y., et al. Research on optimal benchmark price of tradable green certificate based on system dynamics: A China perspective [J]. Journal of Cleaner Production, 2019, 230: 241 – 252.

[122] Currier K. M., Rassouli C. S. Producer incentives in electricity markets with green quotas and tradable certificates [J]. Utilities Policy, 2018, 55:

59 – 68.

[123] Yang J. , Lan L. , Huang Y. , et al. The equilibrium model of elec-tricity market considering green certificate trading [C] . 9th International Renew-able Energy Congress, 2018.

[124] An X. , Zhang S. , Li X. , et al. Two – stage joint equilibrium model of electricity market with tradable green certificates [J] . Transactions of the Insti-tute of Measurement and Control, 2019, 41 (6): 1615 – 1626.

[125] Ling J. , Zhang L. , Sun Y. , et al. A bidding optimization method for renewable energy cross – regional transaction under green certificate and carbon e-missions trading mechanisms [C] . 8th Annual International Conference on Cyber Technology in Automation, Control, and Intelligent Systems, 2018: 1445 – 1449.

[126] Moret S. , Babonneau F. , Bierlaire M. , et al. Overcapacity in Euro-pean power systems: Analysis and robust optimization approach [J] . Applied En-ergy, 2020, 259.

[127] Wang D. , Wang Y. , Song X. , et al. Coal overcapacity in China: Multiscale analysis and prediction [J] . Energy Economics, 2018, 70: 244 – 257.

[128] Yang Q. , Hou X. , Han J. , et al. The drivers of coal overcapacity in China: An empirical study based on the quantitative decomposition [J] . Re-sources Conservation and Recycling, 2019, 141: 123 – 132.

[129] Feng Y. , Wang S. , Sha Y. , et al. Coal power overcapacity in Chi-na: Province – Level estimates and policy implications [J] . Resources Conserva-tion and Recycling, 2018, 137: 89 – 100.

[130] Wang D. , Wan K. , Song X. Quota allocation of coal overreduce ex-cessive production capacity among provinces in China [J] . Energy Policy, 2018, 116: 170 – 181.

[131] Song M. , Hao X. , Destech Publicat I. Effect Analysis of de – overca-pacity policy in China's coal industry [C] . Joint International Conference on En-ergy, Ecology and Environment, 2018.

[132] Yuan J., Li P., Wang Y., et al. Coal power overcapacity and investment bubble in China during 2015 - 2020 [J]. Energy Policy, 2016, 97: 136 - 144.

[133] Zeng M., Zhang P., Yu S., et al. Overall review of the overcapacity situation of China's thermal power industry: Status quo, policy analysis and suggestions [J]. Renewable & Sustainable Energy Reviews, 2017, 76: 768 - 774.

[134] Wang W., Zhang C., Liu W. Y. Impact of coal - electricity integration on China's power grid development strategy [C]. 3rd International Conference on Energy, Environment and Sustainable Development, 2014: 2600 - 2605.

[135] Lorenczik S., Malischek R., Truby J. Modeling strategic investment decisions in spatial markets [J]. European Journal of Operational Research, 2017, 256 (2): 605 - 618.

[136] Rivard B., Yatchew A. Integration of renewables into the Ontario electricity system [J]. Energy Journal, 2016, 37: 221 - 242.

[137] Suwala W., Wyrwa A., Olkuski T. Trends in coal use - global, EU and Poland [C] Conference on Role of Polish Coal in the National and European Energy Sector, 2017.

[138] Manaf N. A., Weiss G., Abbas A. Relevancy of emission reduction fund (ERF) policy towards large - scale deployment of carbon capture technology in black coal - fired power plant [J]. Journal of Cleaner Production, 2019, 211: 1471 - 1479.

[139] Nixon J. D., Dey P. K., Ghosh S. K. Energy recovery from waste in India: An evidence - based analysis [J]. Sustainable Energy Technologies and Assessments, 2017, 21: 23 - 32.

[140] Acquah A. E., Putra H. A., Ifelebuegu A. O., et al. Coalbed methane development in Indonesia: Design and economic analysis of upstream petroleum fiscal policy [J]. Energy Policy, 2019, 131: 155 - 167.

[141] Lei N., Chen L., Sun C., et al. Electricity market creation in China: Policy options from political economics perspective [J]. Sustainability, 2018,

10 (5) .

［142］ Li B. , Yin H. , Wang F. Will China's "dash for gas" halt in the future? ［J］ . Resources Conservation and Recycling, 2018, 134: 303 – 312.

［143］ Wang D. , Liu Y. , Wu Z. , et al. Scenario analysis of natural gas consumption in China based on Wavelet neural network optimized by particle swarm optimization algorithm ［J］ . Energies, 2018, 11 (4) .

［144］ Wang S. , Qing L. J. , Wang H. , et al. Integrated assessment of environmental performance – based contracting for sulfur dioxide emission control in Chinese coal power plants ［J］ . Journal of Cleaner Production, 2018, 177: 878 – 887.

［145］ Bunn D. W. , Redondo M. J. , Munoz H. J. I. , et al. Analysis of coal conversion to biomass as a transitional technology ［J］ . Renewable Energy, 2019, 132: 752 – 760.

［146］ Kosnik L. , Lange I. Contract renegotiation and rent re – distribution: Who gets raked over the coals? ［J］ . Journal of Environmental Economics and Management, 2011, 62 (2) .

［147］ Garrido S. Sharecropping was sometimes efficient: sharecropping with compensation for improvements in European viticulture ［J］ . Economic History Review, 2017, 70 (3): 977 – 1003.

［148］ Luna N. Chipotle Mexican Grill launches accelerator program for companies creating solutions for young farmers ［J］ . Nation's Restaurant News, 2020.

［149］ Liu Y. , Cai Y. P. , Yang Z. F. , et al. Identification of optimal recourse strategies for power generation under a government – guided coal – pricing mechanism in north China ［J］ . International Journal of Electrical Power and Energy Systems, 2016, 79.

［150］ Babri S. , Jørnsten K. , Viertel M. Application of gravity models with a fixed component in the international trade flows of coal, iron ore and crude oil ［J］ . Maritime Economics & Logistics, 2017, 19 (2) .

［151］ Liu Y. , Cai Y. P. , Yang Z. F. , et al. Identification of optimal recourse strategies for power generation under a government – guided coal – pricing mechanism in north China [J]. International Journal of Electrical Power & Energy Systems, 2016, 79: 210 – 227.

[152] Alim A., Hartley P. R., Lan Y. Asian spot prices for LNG and other energy commodities [J]. Energy Journal, 2018, 39 (1): 123 – 141.

[153] Kacker K. Regulation and Contract Design: The impact of relationship specific investment [J]. Journal of Industrial Economics, 2016, 64 (4): 656 – 682.

[154] Babri S., Jornsten K., Viertel M. Application of gravity models with a fixed component in the international trade flows of coal, iron ore and crude oil [J]. Maritime Economics & Logistics, 2017, 19 (2): 334 – 351.

[155] Danel R. Innovation of quality control during coal sales [C]. 25th Digitalization in Management, Society and Economy Conference, 2017: 85 – 92.

[156] Li Y., Li C. Fossil energy subsidies in China's modern coal chemical industry [J]. Energy Policy, 2019, 135.

[157] Huang Y. H., Wu J. H. A portfolio theory based optimization model for steam coal purchasing strategy: A case study of Taiwan Power Company [J]. Journal of Purchasing and Supply Management, 2016, 22 (2): 131 – 140.

[158] Simshauser P. On the Stability of energy – only markets with government initiated contracts for differences [J]. Energies, 2019, 12 (13).

[159] Simshauser P. Missing money, missing policy and resource adequacy in Australia's national electricity market [J]. Utilities Policy, 2019, 60.

[160] Simshauser P., Tiernan A. Climate change policy discontinuity and its effects on Australia's national electricity market [J]. Australian Journal of Public Administration, 2019, 78 (1): 17 – 36.

[161] Lu C., Wang S., Wang K., et al. Uncovering the benefits of integrating industrial symbiosis and urban symbiosis targeting a resource – dependent city: A case study of Yongcheng, China [J]. Journal of Cleaner Production, 2020, 255.

[162] Wu R. , Liu F. , Tong D. , et al. Air quality and health benefits of China's emission control policies on coal – fired power plants during 2005 – 2020 [J] . Environmental Research Letters, 2019, 14 (9) .

[163] Dai Y. , Li N. , Gu R. , et al. Can China's carbon emissions trading rights mechanism transform its manufacturing industry? Based on the perspective of enterprise behavior [J] . Sustainability, 2018, 10 (7) .

[164] Dinica V. , Arentsen M. J. Green certificate trading in the Netherlands in the prospect of the European electricity market [J] . Energy Policy, 2003, 31 (7): 609 – 620.

[165] Amasawa E. , Ihara T. The right place to grow rice for the Japanese market: comparative analysis of greenhouse gas emissions of rice cultivation in Japan and the United States [J] . International Journal of Agricultural Sustainability, 2017, 15 (4): 406 – 417.